盛世繁华

开放的大唐 · 名城篇

潘明娟 著

西 安 出 版 社
西安曲江出版传媒股份有限公司

图书在版编目（CIP）数据

开放的大唐.盛世繁华：名城篇/潘明娟著.—西安：西安出版社，2016.11（2019.1重印）

ISBN 978-7-5541-1908-2

Ⅰ.①开… Ⅱ.①潘… Ⅲ.①中国历史—唐代 ②文化名城—介绍—中国—唐代 Ⅳ.①K242

中国版本图书馆CIP数据核字(2016)第300334号

开放的大唐系列丛书·名城篇
KAIFANG DE DATANG XILIE CONGSHU · Mingchengpian

盛 世 繁 华
Shengshi Fanhua

著　　者：	潘明娟
出 品 人：	屈炳耀
主　　编：	杜文玉
策划编辑：	史鹏钊
责任编辑：	张增兰　范婷婷　任　晔
责任校对：	张爱林　陈　辉　张忝甜
装帧设计：	朱小涛　纸尚图文设计
责任印制：	宋丽娟
出　　版：	西安出版社
发　　行：	西安曲江出版传媒股份有限公司（西安曲江新区雁南五路1868号影视演艺大厦14层）
印　　刷：	河北远涛彩色印刷有限公司
开　　本：	880mm×1230mm　1/32
印　　张：	9
字　　数：	119千
版　　次：	2017年4月第1版
印　　次：	2019年1月第3次印刷
书　　号：	ISBN 978-7-5541-1908-2
定　　价：	32.00元

读者购书、书店添货或发现印装质量问题，请与本公司营销部联系、调换。
电话：(029) 85234426

《开放的大唐》系列丛书·编委会

主　任　　吴　键

副主任　　方光华　李　元

编　委　　姚立军　马　锐　李　浩　屈炳耀

主　编　　杜文玉

编写组　　拜根兴　薛平拴　贾志刚　潘明娟
　　　　　王兰兰　付　婷　张　琛

序一

开放与融合：唐代文化的会通精神

现在读者朋友看到的这套《开放的大唐》丛书是西安市委、市政府为塑造西安城市品牌，传播西安声音，讲述西安故事所制作的《大西安印象》系列丛书中的第一套。编委会的同志希望我能为这套书写些文字，作为序言。盛情难却，撰写此文，供读者朋友们阅读这套丛书时参考。

我是做中国思想文化史研究的，这也是习近平同志提的中国优秀传统文化的重要方面。正如习近平同志所说："中华文明源远流长，蕴育了中华民族的宝贵精神品格，培育了中国人民的崇高价值追求。自强不息、厚德载物的思想，支撑着中华民族生生不息、薪火相传，今天依然是我们推进改革开放和社会主义现代化建设的强大精神力量。"西安是十三朝古都,有周秦汉唐的底蕴,在文化上可以说是积淀深厚,西安市委书记王永康同志也提出了这一点,要坚定文化自信,挖掘利用好西安的历史文化资源,担负起西安对中国文化的历史责任。

《开放的大唐》丛书对有唐一代近三百年的政治、经济、文化、生活、外交和都邑等六个方面做了介绍和解析,反映了唐代物质文化、精神文化、政治文化与制度文化的繁荣和逐渐趋于完备的过程,具有重要的学术价值和实践意义。

一、唐朝在国家制度上的创新

唐代国家政治制度的建设,体现出与前些朝代会通的特点。据陈寅恪先生研究,隋唐政治制度有三个来源:一是北魏北齐孝文帝改革后的制度;二是以梁、陈为代表的南朝后半期的政治文化;三是西魏、北周时期的个别制度。自东汉统一的中央集权解体后的三四百年间,虽有西晋短期统一,但西晋并没有政治制度上的建树。南北朝时期,南北政权在研究国家怎样才能统一的主题面前，各有对于政治制度的新见解。隋代立国，政府机构的设置多沿袭北魏，赋税体制则多采自南朝，而唐朝则是上面各方面的会通与新创造。

唐代在国家官员的选拔上，发展了隋代的科举取士制度，使寒门人才有机会进入政府部门，打破了贵族的政治垄断，使国家政治机构获得一定的活力。在经济上，唐代保护自耕农，同时提倡商业，发展对外经济、文化交流。在唐代，民族问题的处理也尽量依据平等原则，唐太宗说："自古皆贵中华、贱夷狄，朕独爱之如一。"太宗命孔颖达等人编《五经正义》，又提倡道教、佛教，允许宗教信仰在不影响国家利益的前提下发展，因而景教（唐代传入中国的基督教）、祆教、伊斯兰教和摩尼教（波斯人摩尼在公元3世纪创立的宗教）在唐代都有所传播。

在唐代，史学著作别具一格。唐代官修前朝史书有《梁书》《陈书》《北齐书》《周书》《隋书》《晋书》六种，加上李延寿私修的《南史》《北史》，共八种，占"二十四史"的三分之一。编修史书部数之多、质量之高为其他朝代所不及。杜佑还创造了一种新的史书体裁——政书体。唐中宗时由刘知几编撰的《史通》,是我国古代史学的一部划时代的文献,由此奠定了我国史学批评的基础。

唐代文学绚丽多彩。唐代建立后,大臣魏征、令狐德棻等,都要求改革六朝文风。"初唐四杰"和陈子昂为唐代文学的繁荣揭开了帷幕。盛唐时期,王维、孟浩然、高适、岑参、李白、杜甫,群星灿烂,异彩纷呈。中唐后元稹、白居易、韩愈、柳宗元又把文学传统推向一个新的高峰,形成了唐代文学又一个百花争妍的局面。

总之,唐代的盛世由贞观年间(627—650年)开始,经高宗、武后、中宗、睿宗的过渡,到玄宗开元年间(713—742年)达到顶峰。天宝年间(742—756年),各种社会矛盾开始激化,到安史之乱爆发,唐朝的盛世宣告结束,经历了一百余年。

二、唐代思想文化的历史影响

唐代是中国传统社会的鼎盛时期,也是中国古代思想文化一个新的高峰期。

在唐代,儒、释、道思想融合进一步加深,为以后理学的诞生奠定了思想学术基础。唐代的佛教,已经完成了中国化的历程,异域传入中国的佛教与本土文化渗透融合,形成了不同的宗派,有代表性的包括三论宗、天台宗、唯识宗、华严宗、禅宗等,特别是中国化的禅宗获得了长足的发展。民族交融、人口迁徙和文化流变促进着文明的全面进步,提升着民族的文化创造力。从魏晋南北朝到隋代,有不少人主张在思想上融合儒教、佛教与道教,人称"三教合一"。"教"指教化,所谓"三教合一",并非三种宗教合一,而是指三种教化的融合渗透。从南北朝时期,就有一些儒者以宽容的态度对待佛教思想,如颜之推,他称儒学为"外教"而佛学为"内教",把儒家学说中的仁、义、礼、智、信"五常",同佛教戒律的不杀生、不偷盗、不邪淫、不妄语、不饮酒"五戒"一一对应，以儒诠佛，以佛注儒，认为儒学思想和佛学思想在内涵上具有一致性，"内外两教，本为一体"。仁对应不杀生，义对应不偷盗，礼对应不邪淫，信对应不妄语，智对应不饮酒。这开启了隋唐儒释渗透的先声。

道教在唐代具有特殊地位。由于唐朝皇室自认为是老子的后代，因而把道教列于其他宗教之上。唐高祖时，明确规定道教在三教中享有最高政治地位。唐玄宗继续提高道教的地位，神化老子，一再给老子加封，并下令各地遍建玄元皇帝庙，大量制作玄元皇帝神像，不断编造玄元皇帝降灵的神话。唐玄宗还亲自为《道德经》作注疏，将《御疏老子》及《义疏》颁示天下，并组织力量整理编辑道教典籍，在社会生活中倡导道教斋醮、推行道教乐曲等。道教由此而成为唐代政治上最显赫的宗教。唐朝统治者对道教的推崇，为道教的发展和传播提供了便利和资源。唐朝道教的学说主要见之于成玄英、王玄览、司马承祯、李筌等人的著作。

唐代的主流思想是儒学。唐初，为了适应大一统国家的政治需要，在唐太宗李世民的主持下，对汉魏以来的儒家经典进行了系统整理，形成了《五经正义》，经学进入了统一时代。《五经正义》给当时学术界提供了一个统一而规范的官方经典文献，结束了由于政治分裂而形成的南北经学分歧，成为后世科举考试中明经科的主要版本和解释依据。

在儒经文献统一的基础上，到了中唐，韩愈、李翱对儒家思想统系进行整理，吸收融汇佛学、道家的思辨方式，提出了儒家"道统"说，并对思孟学派一脉的仁政学说和心性学说进行了新的发掘，为宋代理学的诞生奠定了基础。柳宗元、刘禹锡则更多地融汇古代的思想资源，以儒学为主，继承发挥了从屈原、王充到玄、佛等各种理论，使哲学、文学、社会紧密结合，丰富和深化了儒学之道。

唐代儒学发展到中叶，就不再限于仅仅对经典的整理和文献的阐释，而是试图对儒学思想做出深度发挥。加之佛教的广泛传播，佛学的思想方法和统系观念也对儒学提出了挑战。在思想方法上，佛学以佛性论来替代儒家的修养学说；在统系观念上，佛学以祖统论来树立其正统地位。

所谓佛性,本来是指本体或本质,佛经中所说的"真如""实相""法性"等,都是佛性的不同表述。佛教在中国的传播过程中,吸取儒学中的心性概念,把外部世界的佛性和精神修养的心性结合起来,把"人皆可以为尧舜"的儒家性善观转化为"人人皆可成佛"的佛性论,甚至主张一阐提人(即断绝善根之人)都能成佛,使儒家的心性说反而成为佛性的铺垫。另外,佛学中的唯心思辨方法也对儒家的经验理性形成了冲击。所谓祖统,是指佛教中的传承关系。尤其是禅宗,构建了从达摩到慧能的中国禅宗六祖统系,后由神会编造出一个达摩之前的西国八代说,到中唐僧人智炬写的《宝林传》,则以慧能的传法基地韶州曹溪宝林寺为名,构建了一个由迦叶、阿难到达摩的二十八代说。这种祖统说在唐代已经颇有影响,对增强佛教的权威性具有重大作用。在佛性论和祖统论的挑战下,儒学(如韩愈和李翱等)开始吸取新的思辨方法,对"道""理""性""情"等重要概念进行探析,提出了儒家"道统说",开了后代理学的先声。

韩愈认为，儒家思想的发展演变有一个具体的传授谱系，即"尧以是传之舜，舜以是传之禹，禹以是传之汤，汤以是传之文、武、周公，文、武、周公传之孔子，孔子传之孟轲。轲之死，不得其传焉"。这个体系集中表达了儒学的正统意识，在观念上把政治与学术融为一体。这个谱系中的"尧、舜、禹、汤、文、武、周公"，从孔子开始到后代儒者都非常推崇，但是韩愈以前的儒者都是把这些先圣明君作为治国的典范，而没有将其列入思想的宗师。韩愈则首次把君主与孔孟在学术传承上衔接起来，完成了政治家与思想家的统一。

韩愈在思想文化上的另一贡献，是倡导古文运动，并以此奠定了他在文学史上的地位。在一定意义上，韩愈在文学领域比在思想领域更出名。古文是指先秦至两汉的散文，文体自由，以散行单句为主，行文灵活，表达随意。魏晋以降，在汉代赋体基础上形成了骈文，讲究对偶、声律、典故和辞藻，华而不实。所谓古文运动，就是变革汉魏六朝以来的骈体文，以恢复先秦散文为号召，进行文体改革。

韩愈提倡古文的思想内涵是"文以载道",即以古文来振兴儒学,弘扬道统。

以上我对唐代做了一些介绍,由此,读者朋友们会更好地理解为什么要编辑出版《开放的大唐》丛书。从历史中吸取经验、教训,有助于我们今天实现民族伟大复兴的理想。历史不能隔断,了解历史的目的是更好地理解我们的今天和明天。

张岂之

(西北大学名誉校长,中国思想文化史专家)

2017年3月28日

序二

大唐盛世的辉煌历史

众所周知，唐代是我国古代历史上最为辉煌的一个历史时期，同时也是一个大转型的历史时期。被日本学者誉为"世界帝国"的隋唐王朝，在政治、经济、文化、军事等方面均创造出了辉煌的成就，无论是对外文化交流方面，还是制度文明方面，均走在了当时世界的前列。对于这一历史时期的研究，中外学术界十分重视，从不同的角度进行了深入的研究与探讨，取得了丰硕的成果，但是这些成果多为学术论著，不适合广大读者阅读，也就是说受众面比较狭窄，不能有效地发挥以史为鉴、以史资政的作用。

1300多年前，唐玄宗即位后，改年号为"开元"，从此奏响了史称"开元盛世"这一大唐最强音的序曲。他先后任用姚崇、宋璟、张嘉贞、张九龄、韩休等人为相，对政治、经济、军事和文化等进行一系列改革，使唐王朝走上了盛世之路，这一系列的创举，也对如今实现中华民族伟大复兴的中国梦具有重要意义。

2014年10月13日，中共中央政治局第十八次集体学习时，习近平主席强调，要牢记历史经验、历史教训、历史警示，为推进国家治理能力现代化提供有益借鉴。对绵延5000多年的中华文明，我们应该多一份尊重，多一份思考。

为了弥补专业学术论著的不足，为广大读者提供一套反映大唐历史文化以及时代风貌的图书，西安曲江新区党工委书记李元同志组织专家学者编撰了这套《开放的大唐》系列丛书，用通俗易懂的叙事语言，生动形象地讲述了有关大唐时代最美中国的精彩故事。这套丛书共计6册，平均每册10万字左右，各配有精美图片百余幅，努力做到图文并茂，这是此书的第一个特点。为了适应广大读者的阅读习惯,整套丛书努力做到文字简洁,流畅自然,可读性强,这是此书的第二个特点。丛书的编撰者大都是来自在陕高校和文博部门的专家学者,根据其学术专长,分别负责一册书的撰写,因此,内容丰富、知识科学、深入浅出,是此书的第三个特点。

这套丛书围绕"开放的大唐"这一主题,从政治、经济、外交、文化、生活、名城六个角度,分册讲述大唐文化,每册书的基本内容与特点如下:

《海晏河清——政治篇》,分为4章23节,对唐朝的主要制度与政治、军事活动进行了简明扼要的介绍。具体内容:政治制度,包括职官、地方行政、羁縻府州、科举、铨选、司法、考课、监察等制度;政治风云,包括贞观之治、武周革命、开元盛世、安史之乱、宪宗中兴、宦官专权、牛李党争、藩镇割据、黄巢起义等;军事制度,包括府兵制、募兵制、禁军制度、藩镇军制等;军事活动,包括北平突厥、开拓西域、东征高丽、南抚诸族等。

《仓丰廪实——经济篇》，分为5章20节，内容包括农业经济、手工业经济、商业经济、金融经济、对外贸易等许多方面。其中也包括许多经济方面的制度，如均田制、租庸调制、两税法、仓廪制度、市场管理制度等，对人口增减、水利兴修、耕地面积、粮食产量以及物价等情况，均有简要的介绍。在撰写手工业生产时，还将唐代的著名产品进行了介绍。对于中外经济交流的盛况，也有详细的介绍，不仅论述了唐朝的外贸方式，而且还分析了这种交流对促进各国经济繁荣发展的积极意义。

《万国来朝——外交篇》，共计4章14节，分初唐、盛唐、中唐、晚唐四个阶段介绍了有唐一代的外交政策及其变化情况。除了简明地介绍与唐朝交往的外国情况外，还对贡封体制下民族关系的变化以及在经济文化交流中所取得的成就进行了客观的评述。尤为可贵的是，作者还以"大唐帝国的启示"为标题，从唐代的夷狄观、包容性、开放性等三个方面评述了唐朝外交政策的特点。

《气象万千——文化篇》,分为6章24节,全面系统地介绍了唐朝所取得的光辉灿烂的文化成就,内容包括儒学、教育、史学、诗歌、传奇小说、变文、书法、绘画、乐舞、科技、宗教等方面。不仅介绍了这些方面所取得的成就,而且对其特点、风格的变化,以及中外文化交流的情况等,都有详尽的评述。对唐文化在中国文化史上的地位以及对世界文化发展的贡献,也有客观的评价。

《盛世繁华——名城篇》,共分6章12节,主要介绍了唐代几个最著名的城市,包括长安、洛阳、扬州、成都等的城市布局、坊市、建筑、景区、名人宅居等方面的情况。除了以上方面外,对每座城市的发展史以及建筑特点也有详尽的介绍。尤为可贵的是,此书还对这些名城对中国城市与世界其他城市的规划与建设方面的影响,进行了简要的介绍,充分反映了唐代在城市建设与规划方面所达到的高度与水平。

《物阜民丰——生活篇》,共分6章21节,主要内容包括服饰、化妆、织染工艺、食品、城市与乡里、住宅、道路、交通工具、馆驿、行旅风俗、节俗、娱乐等方面，全方位地反映了有唐一代各个社会阶层的生活状态，是这一历史时期人们日常生活状况的真实反映。阅读此书，不仅可以增长知识，扩大见闻，而且可以了解我国古代鼎盛时期所创造的物质文明和精神文明的全部情况，增强历史自豪感，增强文化自信。

中华文明源远流长，有关中国历史文化的论著汗牛充栋，然而目前专门以中国古代社会生活史为着眼点，尤其是系统讲述唐代社会生活的论著并不多，因此此书还具有一定的学术研究价值，对史学界传承中国传统文化，以文化人、以史资政意义重大。

这套丛书的编写与出版是一种全新的尝试，目的就在于为读者提供一套简明扼要、图文并茂、既具有科学性又具有趣味性的历史通俗读物，把学术界的研究成果从象牙塔里转移出来，使其更好地为社会生活服务，在盛唐的文字气韵中为读者讲好中国故事。当然，如果非专业的普通读者能够直接阅读学术性论著，那是最好不过的了，但是这得有一个前提条件，就是学术界产出的成果必须做到雅俗共赏，而这一点不仅国内学术界很难完全做到，即使在国外也是不多见的。在这种情况下，这套丛书的做法就不失为一种较好的方式，即着眼于"开放的大唐"这一主题，用通俗的写法讲述生活在唐代的文化样貌。这样做的效果到底如何还要经过实践的检验，也就是能够获得广大读者认可，这一点也是这套丛书编撰者所期望的。

杜文玉

（唐史学会副会长，陕西师范大学唐史研究专家）

2016 年 11 月 3 日

第二节　九天阊阖开宫殿

一　方正对称太极宫 ... 049

二　九天阊阖大明宫 ... 059

三　盛唐气象兴庆宫 ... 068

第三节　街鼓鼕鼕理长安

一　李娃巧计弃郑生 ... 077

二　上元解禁寻破镜 ... 084

三　街鼓禁夜保安全 ... 088

目录

序章　唐代城市概说　001

第一章　西京长安　011

第一节　百千家似围棋局　013

一　精选新城址　013
二　创意六阳爻　017
三　精彩都城门　021
四　栉比市街坊　030
五　恢宏寺观祠　040
六　富丽曲江池　046

第三节 东城桃李洛阳园

一 白宅履道坊 ... 151
二 东城园林区 ... 153
三 文人唱和诗 ... 158

第三章 扬一扬州 ... 161

第一节 霞映扬州两重城 ... 167
一 高骈缮完扬州城 ... 169
二 十里长街市井连 ... 169
三 栖灵宝塔凌苍苍 ... 176
四 青园桥东樱桃园 ... 186
... 193

第二章 东都洛阳

第一节 洛水贯都建洛阳

一 八月建东都 ... 093

二 定鼎洛阳门 ... 093

三 紧凑郭城区 ... 099

四 大量佛寺院 ... 105

五 盛景在西苑 ... 119

第二节 洛阳明堂坐天子

一 明堂雍雍洛阳宫 ... 123

二 皇家别馆上阳宫 ... 125

第二节　蜀冈之上江都宫 … 195

第三节　二十四桥明月夜 … 209

第四章　益二成都 … 219

第一节　成都喧然名都会 … 221

第二节　九天开出一成都 … 238

第三节　成都楼高高百尺 … 244

第五章　影响深远 … 251

后　记 … 260

序 章

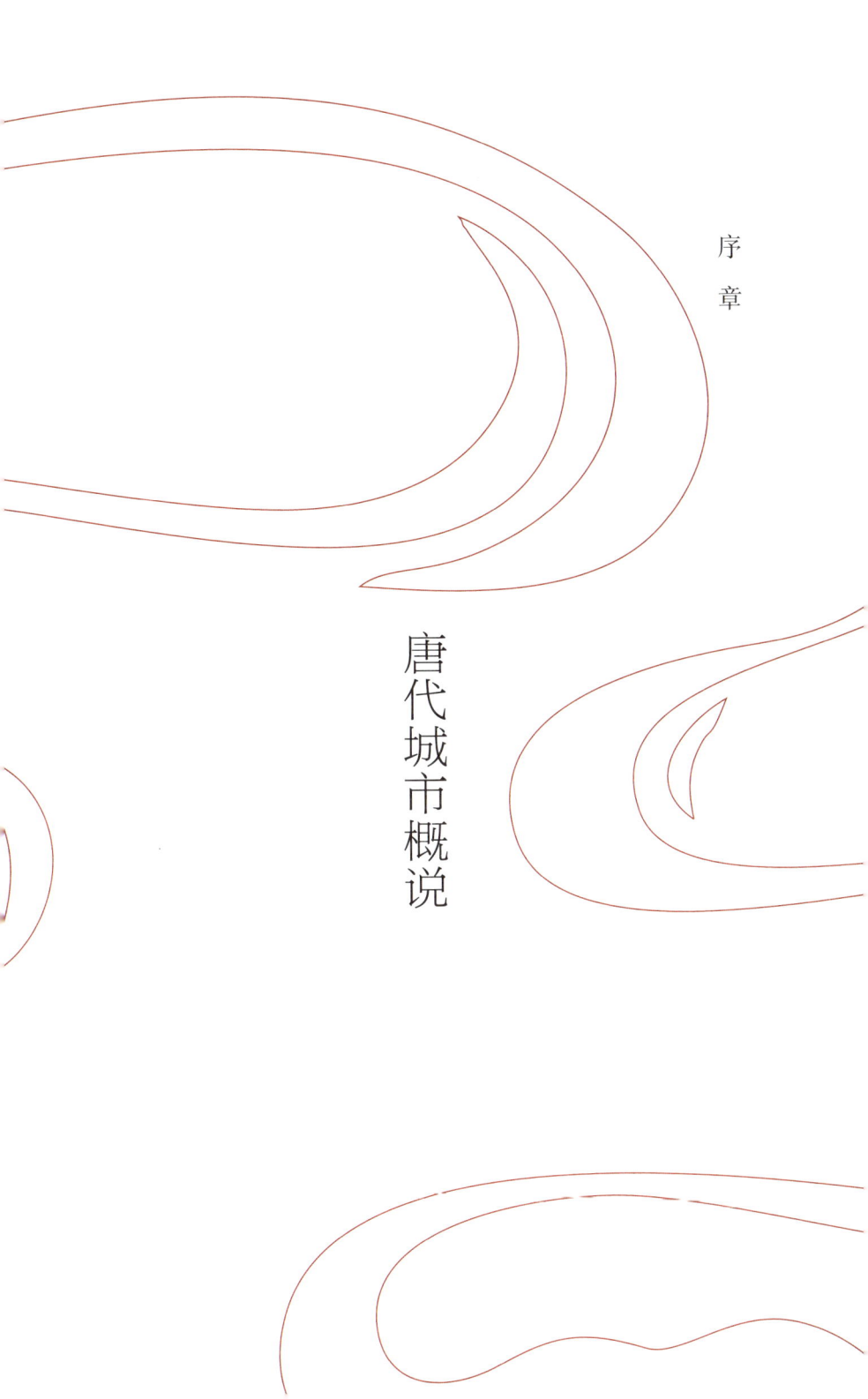

唐代城市概说

中国的城市起源较早，有人认为西周时期的丰镐就已经是脱离了乡村概念的早期城市了。中国古代早期城市的政治色彩较为浓厚，经济色彩则处于次要地位。一般来说，国家的都城、地方的行政官署所在地都是与乡村对立意义上的城市，单纯的工商业城市则寥若晨星。

但是，这个局面到了隋唐时代逐渐被打破了。隋唐时期出现了我国古代城市发展转变的曙光，经济型城市已经开始增多，除长安、洛阳等政治性城市之外，在江淮以南和长江中下游地区出现了一些工商业较为发达的城市，如中晚唐所谓的"扬一益二"，扬州、成都等城市的工商业之繁荣，为时人和后人所赞叹。

第一，在唐代出现了一个拥有不同规模等级的城市体系。唐代的城市体系，表现为四级城市体系。

一级城市是全国首位城市，包括西京长安和东都洛阳，这是毋庸置疑的。两座城市不仅在政治上分别是主都和陪都，占据了优势地位，而且在经济上依赖本身优越的自然、人文条件以及政策的支持，确保全国的各种资源源源不断地流入，从而长期保持其首位城市的地位。

二级城市是区域性政治和经济中心，在首位城市之下，大部分是都督府和节度使署所在地。黄河下游地区、江浙一带、四川盆地等，均有区域性的政治和经济中心，如汴州、扬州、苏州、杭州、成都、广州等。其中，汴州居水路要冲，四通八达，在唐前期就已经"舟车辐辏，人庶浩繁"，"邑居庞杂，号为难理"。到唐宪宗元和时期，这些城市有了进一步发展。扬州地居江淮和运河的要道，在隋代大运河开凿之后，日趋繁荣，到武则天时，"扬州地当冲要，多富商大贾、珠翠珍怪之产"。扬州是我国有名的贸易港市之一，商人在这里纷纷购置邸肆进行贸易，"十里长街市井连"，"夜桥灯火连星汉"，一片繁荣景象。苏州"人稠过扬府，坊闹半长安"，人口之多、市场之热闹可与扬州和长安相比。杭州位于大运河终点，"万商所聚，百货所殖,……骈墙二十里,开肆三万室",中唐之后,"路溢新城市,农开旧废田",钱塘富庶,盛于东南。成都是"蜀之奥壤","伎巧百工之富,……其地腴以善熟,……扬不足以侔其半",可见工商业之繁盛。广州是东南的外贸中心城市,"地当要会,俗号殷繁,交易之徒,素所奔凑","外国之货日至"。

三级城市是地区性的中小型城市,在区域性政治和经济中心之下,大部分是州治所在地,如宋州、贝州、魏州、岐州、相州、曹州、幽州、沧州、德州、赵州、定州、潞州、汾州、宣州、湖州、常州、越州等。

四级城市大部分是县治所在,位于城市体系最下端,不一一赘述。

第二,从地理分布来看,唐代的大中型城市大部分在黄河与长江的中下游地区。

如果以西京长安为中间点,由此贯通南北,则在长安之西的位于城市体系第二级的仅有成都而已,位于城市体系第三级的也只有凤翔、梁州、凉州、甘州等。西京长安以东的地区在国土面积上只占盛唐时期的三分之一,人口则是全国的五分之四，是唐代城市化水平最高的地方，十分之八的城市都坐落在东部区域。尤其东南地区，中唐之后，政局相对稳定，一大批大中型城市相继涌现，获得前所未有的发展。

第三，唐代是城市人口飞速增长的时代。

西京长安的人口，在唐人的描述中，突破百万，如韩愈在《论今年权停选举状》中称"今京师之人，不啻百万"。诗人的吟咏也是如此，"长安城中百万家""长安百万家""破却长安千万家"。今人研究长安城市人口，也是见仁见智。严耕望对唐长安人口的估计最高，为170万～180万；郑显文认为唐长安人口在50万～60万之间；妹尾达彦、王社教则认为8世纪前半期长安人口约70万；龚胜生的估计数字在80万左右。不管用哪个估算数字，都可看出西京长安的城市人口在当时是巨大的。东都洛阳的城市人口也是急剧增长。唐初洛阳仅有3000户1.7万人，到武周时期，洛阳人口达到历史最高峰，当在百万以上。据统计，扬州的城市人口增长是这样的：隋代扬州约1万户；唐代初年，扬州有23299户94347口；到唐玄宗天宝元年（742）增长至77150户467857口（包括郡辖七县）。100多年间，人口增长近5倍。杭州，隋唐之际由1.5万户增至3.5万户；玄宗盛世达到8.6万户；中唐后，全市增至10万户。苏州在中唐后由7万户一跃增为10万户，宋人范成大列举具体事实，指明"唐时，苏之繁雄，固为浙右第一矣"。至于成都的人口，仅有杜甫的诗句描述："城中十万户，此地两三家。"比较了城区与草堂的人口差别，这也成为我们推测唐代成都城市人口的重要资料。

第四，唐代的城市用地规模增长很大。

由于唐代城市主要有城墙包围，建城不容易，因此一般情况下，在建城之前会预留一定的城市面积来保证城市人口及经济增长的需要。

唐代各级各类城市的城郭范围都比较大。当时面积最大的城市为西京长安，不算大明宫的面积，长安城约为84平方千米。不包括上阳宫，东都洛阳的面积为47平方千米。从面积上来看，第三大城市为太原。唐代太原主城由三座相互结合为一体的城池组成，分别为汾河西岸的晋阳县城、汾河东岸的太原县城以及横跨汾河之上的连城，主城周长约为22千米，面积约为28平方千米，加上罗城和卫城，面积可达到40平方千米以上。

但是，随着城市人口的增加以及城市经济的增长，原有面积会逐渐不敷使用，于是在城门之外形成新的居民聚居区。人口聚居和经济发展到一定程度之后，会有城墙的增筑活动，这就表现为城市用地规模的增长。中晚唐时期，部分城市的面积又有增长。如成都筑罗城，在原有基础上扩大了6倍，面积达到7.3平方千米。扬州的牙城面积为2.6平方千米，加筑罗城13平方千米，可见城市面积增幅很大。

第五，唐代的城市规划达到一个顶峰。

唐代城市在建设前基本上都有规划，大部分城池轮廓尽可能方方正正，建有城墙，城门的数量根据城市的规模和地位来开设，一般县级和地区性的中小城市，每面开设一门；大型城市如西京长安和东都洛阳等，每面开设2～3道城门；有的城市可能开设城门更多，如扬州。

唐代城市大部分为重城结构，一般是大城（或称郭城、罗城）套小城（一般称子城或牙城）的情况。如西京长安，郭城在最外部，郭城的北部正中为宫城，宫城以南有皇城；

东都洛阳也是郭城在最外部，在郭城的西北隅为宫城和皇城；成都则是罗城套子城的结构。当然，这种重城结构也有两城并列的特殊情况，如扬州就是牙城在西北、罗城在东南的并列结构。

唐代城市的功能分区非常明显。西京长安和东都洛阳的宫城均为皇帝居住和工作的地方；皇城则是国家主要行政机构所在地；郭城分为里坊区和市场区，里坊区为百姓和官僚的住宅区，市场区则是政府划定的固定的商业区。其他城市一般也分为官署区（一般在子城或牙城）、居民区和市场区。

唐代城市的管理为坊市制。《唐律疏议》卷八云："坊市者，谓京城及诸州县等坊市。"坊市遍及各地，每座城市都采用坊市制进行管理。由政府在城市中建设坊墙和市墙，坊门和市门要按时开关，实施夜禁。但是到了唐代中晚期以后，定时开闭的坊市制已很难照旧维持，许多居民里坊出现了商业设施，不少城市中的夜市、早市相继开办，坊市制度被逐渐打破，显示出唐代商业市场和城市观念在时间上和空间上开始有了新的突破。

唐代各级各类城市迅速发展，城市人口剧增，城市规模和城市规划也都达到了一个顶峰，一座座城市似繁花般盛开在中华大地上。在本书中，我们摘取四朵怒放的鲜花——黄河流域的西京长安与东都洛阳以及长江流域的"扬一益二"呈现给读者朋友。

第一章

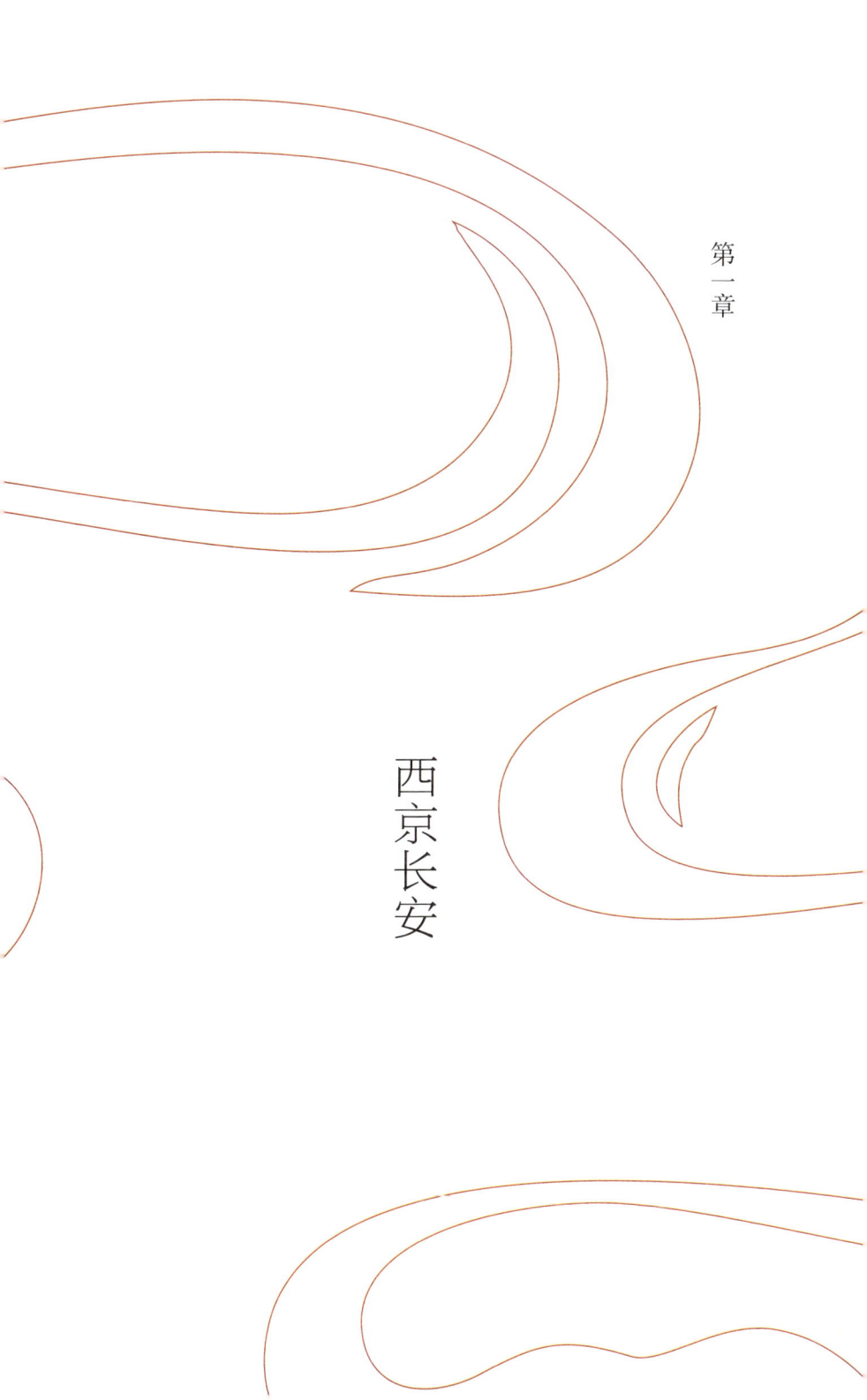

西京长安

第一节　百千家似围棋局

唐代的都城长安位于今陕西省西安市，与东都洛阳相比，位置偏西，因此被称为西京。西京长安的城市建设经过严格的选址、规划和布局，其城市规模在唐代城市中是最大的，城市形态也是最为严整的。

一、精选新城址

公元581年，北周政权的随国公、丞相杨坚接受了北周最后一个皇帝静帝的

唐代阎立本《历代帝王图》隋文帝

禅让，登基为皇，建立隋王朝，这一年也是隋文帝开皇元年。隋文帝是在汉长安城未央宫登基的，但是，汉长安城已经历时800多年，有许多原因使得隋文帝不愿意把都城设在这里。

第一，隋文帝迁都的原因当然少不了迷信的谶纬记载。据说，北周时期有一"异僧"，号为枨公。此人常常言辞恍惚，为时人所不理解，但其后往往有所应验。在龙首原以南有一个杨兴村，村口有大树，村人在树下坐卧休息，枨公驱逐这些人，说："这是天子坐的地方，你们怎么能在此？"隋文帝姓杨，"杨兴村"的名称对他来说是个吉兆，他即位后非常希望能坐到杨兴村的大树之下，于是迫不及待想迁都。文献中还有一些迷信记载，例如大臣庾季才曾上奏："臣仰观玄象，俯察图记，龟兆允袭，必有迁都。"

第二，汉长安城的格局不严整，除东城墙以外，其他三面城墙均有不同程度的转折，形状不方不正，无以表现皇家威严。宫殿群坐落在龙首原上，比较高大雄伟，但是由于历时已久，城中宫室朽蠹，一片残藉，修复起来并不容易。同时，宫殿、官衙、民居混杂也不利于管理。隋文帝认为这样的都城不适合做统一之后的大隋帝国的首都。

第三，汉长安城已经是九朝旧都，第一个在汉长安城建都的西汉还算是一个国力强盛的王朝，之后的新莽、东汉献帝、西晋愍帝、前赵、前秦、后秦、西魏、北周，都是短命的败亡之君，尤其是北周的皇位在隋文帝的眼里是那样的轻而易举、唾手可得。这样的都城对于希望隋王朝迅速统一南北而且能够千秋万代、绵延不断的隋文帝来说，未免不祥。

第四，汉长安城的水环境有问题。一方面，汉长安城距离渭河较近，容易受到洪水威胁。有文献记载，隋文帝当上皇帝不久，就做了一个梦，梦见渭河水涌进都城。另一方面，由于汉长安城供水、排水严重不畅，污水往往聚而不泄，以至于生活用水大多遭受污染，成为咸卤。这样的水环境，影响了首都的正常生活。

所以，在开皇二年（582），隋文帝决定营建新都，名为"大兴城"。"大兴"是北周时隋文帝的爵位名，他曾被封为"大兴郡公"，这是他成就杨家天下的开端。隋文帝希望"大兴"也成为隋代都城辉煌的开始，成为隋王朝无限未来的开端。由于隋王朝仅存在了38年,取而代之的唐王朝仍以隋都为都,改称"长安"。为免混乱,在以后的叙述中我们将隋文帝新建的都城称为长安城。

长安城的城址选在哪里?从大的环境来看,隋文帝离开汉长安城另建新都只是对汉长安城不满,并不想离开关中,尤其是灞河以西、渭河南岸这一区域,在交通、军事、经济等方面,关中仍然是建都的最佳位置。经过一番认真的调查之后,隋文帝将城址选在了汉长安城东南20里的龙首原之南。龙首原的南部区域和北边的汉长安城所在地本是相连一体的一块塬区,也就是今西安城及其附近郊区所在地,高度大致在400米至450米等高线之间。这里平原坦荡,六坡起伏,又能从东西两面引水入城,其有利条件远远胜过了汉长安城。《隋书·高祖纪》记载了隋文帝的诏书:"龙首山川原秀丽,卉物滋阜,卜食相土,宜建都邑,定鼎之基永固,无穷之业在斯。"这表明隋文帝对新都城城址的选择极为满意。

隋唐长安城的城址条件极为优越。龙首原以南,地势起伏,愈向东南,地势愈高,可是塬面开阔,面积很广,使都城有足以回旋的余地；又可从东、西两个方向引水入城，左右逢源；因为距离沣河、渭河等大河较远，可以使城市处于安全地带，不受洪水的威胁；另外，长安城靠近灞浐，接近东出大道，对水陆交通都极为有利。最重要的是隋唐长安城的地形有一定起伏，既有高地布设重要建筑物，又有凹陷地带开凿湖泊、开辟风景区。而冈塬之间的低地，则是布设渠道的理想位置。

今天的西安城址就是在隋代长安城皇城的基础上延续发展而来，由此也可证明隋唐长安城在城址选择上的正确性。

二、创意六阳爻

新都城址选好之后，隋文帝在开皇二年（582）正式颁诏，任命左仆射高颎为营建新都大监，太子左庶子宇文恺为副监，开始营建新都。

宇文恺把整座都城分成三部分。北边最中间的是宫城，这是皇帝的工作区和生活区，因为古人以为皇帝象征北极星，在正北方最中间，众星拱之。宫城南面，一街之隔是皇城，这是中央官衙所在地，文武百官在这里集中办公，

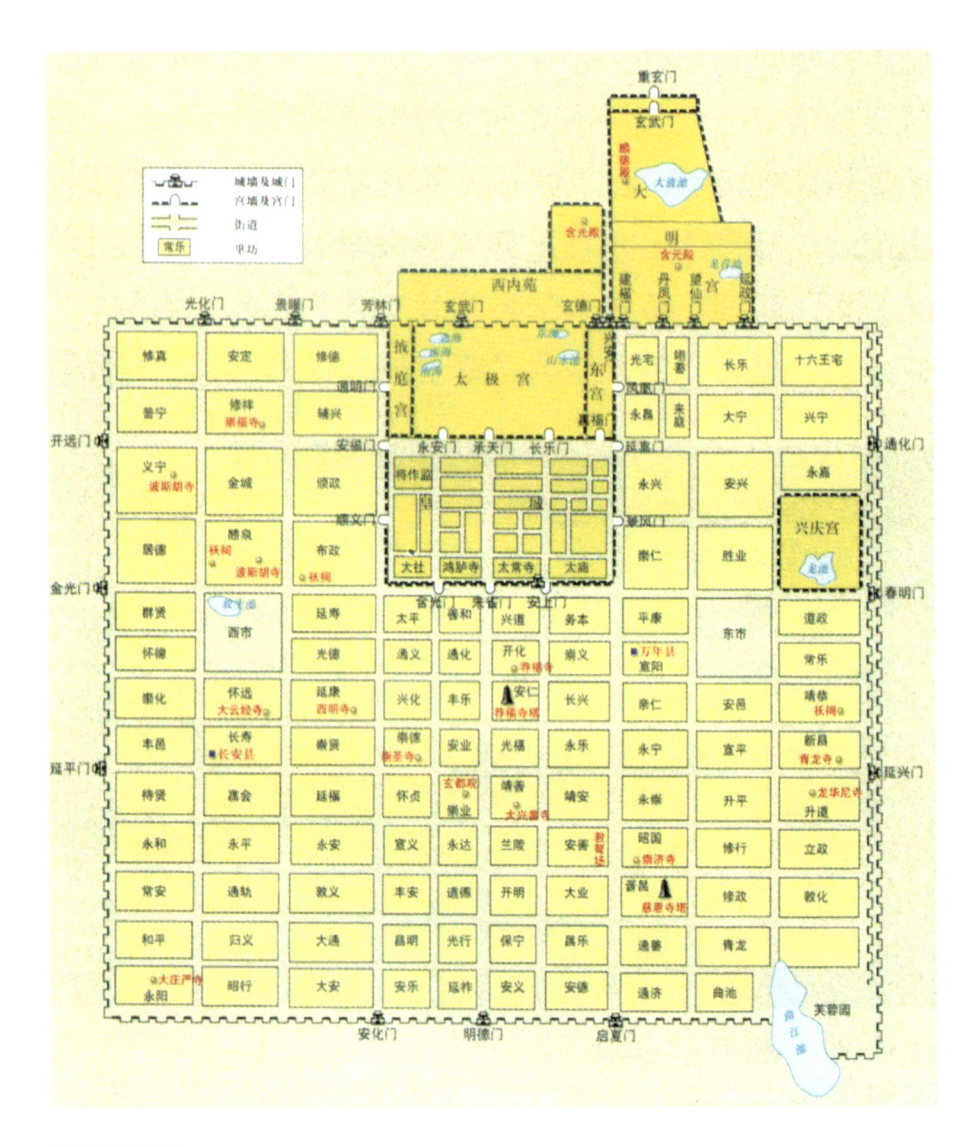

隋都城平面图

  象征拱卫北极星的紫微星座。宇文恺建的最大的城是郭城，
  为百官贵族和平民百姓的生活居住区，从东西南三个方向

把宫城和皇城包围起来，意味着众星捧北斗。把宫城、皇城、郭城分别看作北极、紫微和众星，现在看来感觉有些牵强附会，但在隋代，"建邦设都，必稽玄象"的象天思想是非常流行的，宇文恺这样解释三座城垣，得到了隋文帝的认可。把都城分成几部分，尤其是在百姓居住的郭城之内修建皇帝居住的宫城，二者分开，有利于保护皇帝安全。

宇文恺最大的创意是把《易经》中的乾卦爻辞与长安城的六道高坡结合起来，这也是后世对长安城的设计最为称道的创意。隋唐长安城的地形并不是一马平川，而是有一定起伏，有高坡也有洼陷地带。宇文恺把其中的六道高坡看作阳爻，六条阳爻组成了乾卦。乾卦是易经六十四卦的第一卦，上上卦，象征"天行健，君子以自强不息"。乾卦讲的是一个事物从发生到繁荣的过程，即春生—夏长。六条阳爻从北向南依次为：初九，潜龙勿用；九二，见龙在田，利见大人；九三，君子终日乾乾，夕惕若厉，无咎；九四，或跃在渊，无咎；九五，飞龙在天，利见大人；上九，亢龙有悔。

宇文恺在初九高坡布设北城墙；在九二高坡布置宫殿，让帝王居住；在九三高坡设立皇城，来顺应君子之数，体现文武百官健强不息、忠君勤政的理念；九五高坡为贵位，不能让普通人居住，所以布置了大规模的寺观，西面是道教的玄都观，东面是佛教的兴善寺，希望能借用神佛的力量镇压住这个地方的帝王之气。但是，有唐一代，总有许多臣子心怀侥幸，要建家宅于此，如：中唐宰相裴度就居住在这条"九五"高坡上，被人诬陷为"宅据冈原，不召自来，其心可见"；其他名人张说、韩愈、李宗闵、杨国忠、李晟、柳公权等都有宅第在这条高坡上。长安城最南面的上九高坡主凶象，宇文恺在这里布设了南城墙。坡与坡之间的低地除安置居民区外，还开辟湖泊建设名胜风景区。宇文恺利用周易理论设计城市，这在城市发展史上是最早的一次，一方面切合了当时流行的风水思想，另一方面，也是为了占据京城中的有利地形和制高点。

六爻的设置及宫城、皇城、郭城的分置，使得整座长安城立刻"高大上"起来，显露出浓浓的文化气息，其核心就是儒家的君尊臣卑思想。

宇文恺负责规划的这座新都，规模很大。从整体看，长安城是一座东西略长、南北略窄的长方形城市。据考古实测，长安城西北角在今任家口村以北，东北角在今胡家庙的西北，西南角在今木塔寨以西，东南角在今新开门村西北。由东墙的春明门到西墙的金光门距离为9721米，当然，这包括了城墙厚度；南北距离，由南墙的明德门到宫城北面玄武门偏东处，长8651米，也包括了城墙厚度。由此看来，长安城的面积约为84平方千米。84平方千米是什么概念呢？这么说吧，隋唐长安城相当于2.4座西汉长安城，9.7座明清西安城，1.4座明清北京城，1.8座隋唐洛阳城，7座古罗马，7座5世纪的君士坦丁堡，6.2座公元800年的巴格达城。

三、精彩都城门

初唐诗人骆宾王诗云："山河千里国，城阙九重门。不睹皇居壮，安知天子尊。"长安的都城门不仅雄壮威严，还都有着精彩的故事。

长安的东、南、西、北四面城墙各开3门，共计12座城门。

明德门是长安城的正南门，位于长安城的中轴线朱雀大街的南端，规模宏大，在长安城所有的城门中，只有明德门是五个门洞，其余的城门均为三个门洞。

出明德门向右拐，顺着城墙向西走，是南墙西门安化门。公元835年十一月二十一日，大唐宰相舒元舆乔装之后，单人骑马从安化门逃出长安城，被追兵擒拿后处死。这是"甘露之变"的一个细节，涉及安化门。唐代中后期，宦官专权乱政，朝臣和宦官斗争非常激烈。大和九年（835）十一月，唐文宗和宰相李训、舒元舆及凤翔节度使郑注等合谋诛杀宦官。李训等人诈称大明宫含元殿前的金吾左仗院石榴树上夜降甘露，想要诱使宦官仇士良、鱼弘志等前往观看，并趁机将其围歼，不料伏兵没有隐藏好，被宦官发觉。仇士良率禁兵500人，杀散伏兵，大肆杀戮朝官与吏卒，遇害的有千余人。舒元舆乔装后从安化门仓皇出逃，仍被仇士良神策军生擒，遭腰斩处死。这就是历史上著名的"甘露之变"。安化门西侧有两条渠水——清明渠和永安渠，因此，安化门附近景色十分秀丽，园林众多。安化门内东侧是安乐坊，有天宝年间的京兆尹干鍊的

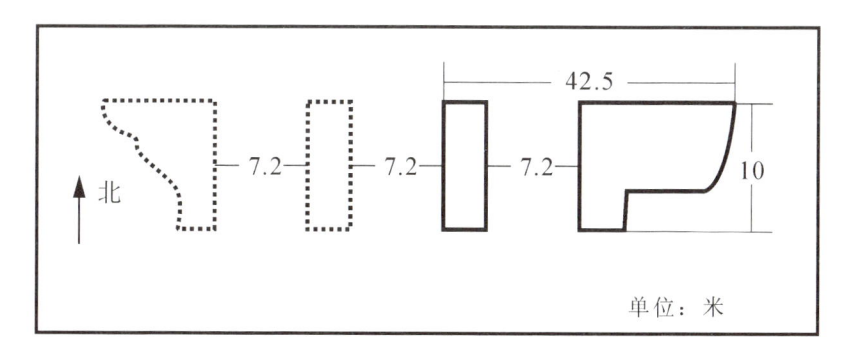

安化门遗址示意图

园林。门内西侧是大安坊,有西平郡王李晟的大安园,园中竹林茂密;坊内还有汾阳郡王郭子仪的山水池院,池连南北二坊,筑有大安亭。诗人吕温《春日游郭驸马大安亭子》描写道:

> 戚里容闲客,山泉若化成。
> 寄游芳径好,借赏彩船轻。
> 春至花常满,年多水更清。
> 此中如传舍,但自立功名。

离开安化门,继续向西走,拐过西南城角,来到西面城墙。西墙南门为延平门。唐代怪异故事曾记载"裴氏子":裴氏兄弟三人住在延平门外,因为孝顺老人、为人仁义而闻名。裴家虽然贫困,但是乐善好施。裴氏子对一个经常路过的老者非常照顾。后来,老者便给他用神来之法烧制了很多金子。安史之乱中,裴家还到老者的仙洞居住,学了道术，出来后裴氏兄弟均高官长寿。

　　西墙中门为金光门。金光门外有祭祀雨神的雨师坛，门内南侧群贤坊东南隅是唐初著名才女上官婉儿的居所。上官婉儿主要生活在武则天时期，她刚出生时，祖父和父亲便下狱而死。上官婉儿自幼聪明善文辞，明习律事。武则天爱惜她的才能，让她批阅百司表奏。武则天的儿子唐中宗也对上官婉儿宠信有加。唐中宗死后，在唐隆政变中，上官婉儿与韦皇后同时被杀。金光门外还是商人裴明礼发家的地方。裴明礼算是生态农业的实践者吧。他靠拾破烂赚了些钱，就在金光门外买了一块荒芜不长庄稼的土地，地里尽是瓦砾。他在旁边竖立一根木杆，上面悬挂筐子，让人投掷瓦砾，投中有奖。不久，地里的瓦砾就被捡拾干净了。土地贫瘠怎么办呢？裴明礼又让人在这里放羊，这样，地里逐渐积满了羊粪。之后，他将事先搜聚的各种果核撒在这里，再将土地翻起来。一年后，地里长出茂盛的杂果树苗。几年后，各种果树结实开始赚钱。裴明礼又在这里安置蜂箱，在地里栽上蜀葵，蜀葵与蜂蜜都获得丰收。

　　长安城西墙北门叫开远门，被认为是隋唐长安丝绸之路的起点,因为开远门距长安城的国际贸易市场——西市仅有两坊的距离。开远门内南侧义宁坊南门之东,有隋代宰相高颎的居所。高颎曾兼任营建新都(大兴城)大监,隋唐长安城就是他负责修建的。因为开远门接近宫城和皇城,所以,许多著名人物的入城仪式都安排在这里。例如,唐中宗曾在开远门外迎接高僧实叉难陀。实叉难陀对大乘和小乘经典都十分精通,长期致力于对梵文佛教经卷的翻译。景龙二年(708),实叉难陀奉诏到达长安,僧众倾城出迎。唐中宗也亲自到开远门外迎接,场面非常壮观,仪式极为隆重,最后实叉难陀入住由唐中宗王府改建而成

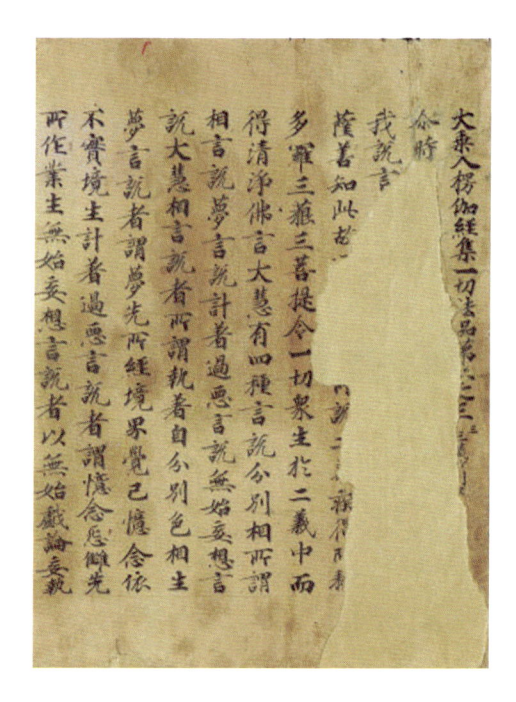

敦煌写经《大乘入楞伽经》(部分)

的荐福寺。实叉难陀在荐福寺译出《大乘入楞伽经》《文殊师利授记经》等佛典共19部107卷。朔方节度使郭子仪也是在这里被朝中百官迎进长安城。唐代宗广德二年（764），仆固怀恩起兵反唐，率领回纥、吐蕃、党项数十万人入寇。郭子仪奉诏到泾阳说服回纥酋长，并联合回纥共破吐蕃，叛军溃败。京师危机被化解。之后，郭子仪自泾阳入觐，唐代宗诏令：宰相及百官在开远门迎接郭子仪。

越过开远门，继续向前走，拐过西北城角，来到北面城墙。北城墙的城门从西向东有光华门、景耀门和芳林门，其余与太极宫和大明宫共用的城门有玄武门、玄德门、兴安门和丹凤门。

东墙北门为通化门。通化门是长安向东的通衢大道，其外7里左右有一个驿站——长乐驿，是许多文人骚士送别亲友的地方。著名诗人白居易有诗《长乐坡送人赋得愁字》："行人南北分征路，流水东西接御沟。终日坡前恨离别，谩名长乐是长愁。"历史记载中皇帝送别大臣主要是在通化门。如，景龙三年（709）唐中宗"亲送朔方总管韩国公张仁亶于通化门",这次送别轰轰烈烈,唐中宗甚至写了送别诗,大臣们也以《奉和幸望春宫送朔方军大总管张仁亶》为题写了和诗。唐玄宗天宝三载(744)正月初五,玄宗皇帝"命六卿庶尹大夫供帐青门",为年老致仕的贺知章设宴饯行,并写诗《送贺知章归四明》,反映了盛唐时期统治阶级对人才"贤达"的怜惜之情。全诗如下:

> 遗荣期入道,辞老竟抽簪。
>
> 岂不惜贤达,其如高尚心。
>
> 寰中得秘要,方外散幽襟。
>
> 独有青门饯,群僚怅别深。

唐代中后期,藩镇割据愈演愈烈,皇帝也经常在通化门送别节度使或讨伐节度使的使者。例如,建中四年(783),龙武大将军哥舒曜讨伐藩镇李希烈,唐德宗于通化门隆重送别;元和三年(808),唐宪宗亲御通化门送李吉甫担任淮南节度使;元和十二年(817),唐宪宗又在通化门送别彰义军节度使裴度,因为裴度要前往淮西行营讨伐淮西藩镇,他带着宪宗皇帝的重托离开长安。

离开通化门向南前行,来到东墙中门春明门。春明门位于唐长安城东郭墙正中偏北的地方。进入春明门，是唐代的"南内"兴庆宫，门内大街又直通东市、皇城，因此，春明门被称为唐长安城的"东正门"。开元十六年（728），唐玄宗移入兴庆宫居住、听政，此地成为开元、天宝年间的政治中心。紧邻兴庆宫的春明门及东郭墙也因此得到改建，形成了一种特殊而实用的建筑结构——夹城。当时郭城内侧（一说外侧）划地筑墙，新墙与郭城城墙之间就形成了一条宽约23米的夹道，称"夹城"。皇帝通过夹城来往于城北大明宫、城中兴庆宫和城南芙蓉园之间，杜牧诗"六飞南幸芙蓉苑，十里飘香入夹城"，写的就是皇帝自夹城游幸芙蓉园的场景。可以说，夹城既是一条供皇帝及皇亲国戚通行的"御道"，同时也是一条防止外人窥探的秘道。

东墙南门是延兴门。延兴门内新昌坊与升平坊一带是著名的乐游原，为长安城内地势最高处。乐游原得名于西汉，汉宣帝在此建乐游苑。乐游苑风景秀丽，花木众多，《西京杂记》载："乐游原自生玫瑰树，树下多苜蓿。"唐代的太平公主在这里修筑园林，建有亭台楼阁。唐玄宗又在这里给其兄弟宁、申、岐、薛诸王兴建王宅。乐游原地势高敞，是长安城内登高远眺之所，而且原上景色宜人，与南面的曲江芙蓉园和西南的慈恩寺大雁塔相距不远，因此，来此游赏者络绎不绝。唐代著名诗人张九龄、杜甫、韦应物、杜牧等先后来此游赏，留下了很多诗篇。其中，李商隐《乐游原》诗"向晚意不适，驱车登古原。夕阳无限好，只是近黄昏"是千古传诵的佳句。乐游原上，延兴门西临新昌坊南门之东有青龙寺，是隋代旧寺，原名灵感寺。青龙寺是长安佛教密宗的重要传播地。唐德宗时期，被日本称为"入唐八家"的僧人，有六人曾在青龙寺受法。其中空海在青龙寺拜不空三藏的密宗教徒惠果和尚为师，在佛经、梵文、诗词、书法等方面取得了很大成就。唐宪宗元和元年（806），空海学成回国，成为"东密"的开山祖师。

绕过曲江池，沿城墙向西走，就来到长安城南墙东门启夏门。这座门外有许多郊祀的祭坛，隋唐天坛圜丘就在门外，每逢登基或元日、冬至，皇帝都要亲率百官"郊祀"于圜丘，以祭天和祈祷丰年。

四、栉比市街坊

（一）街道

唐长安城所有的街道均作南北向或东西向，彼此纵横交错。南北11条大街，东西14条大街。《长安志》卷七记载：长安城"棋布栉比，街衢绳直，自古帝京未之有也"。街道两旁设有排水沟，种植槐树和榆树，"迢迢青槐街，相去八九坊"，就是对当时城市绿化的歌咏。考古资料表明：皇城以南，已发现南北街11条、东西街10条，其中通南面三门和贯通东西大门的6条街道是城内的主要干道，宽度最大，除延平门至延兴门的东西大街宽55米外，其余都在100米以上，尤其是由朱雀门至明德门的中轴线朱雀大街宽达155米，宽阔笔直，蔚为壮观。不通城门的大街，宽度在39～68米之间，最窄的仅宽20～25米。

卢照邻《长安古意》描写长安的街道：

长安大道连狭斜，青牛白马七香车。

玉辇纵横过主第，金鞭络绎向侯家。

龙衔宝盖承朝日，凤吐流苏带晚霞。

百尺游丝争绕树，一群娇鸟共啼花。

游蜂戏蝶千门侧，碧树银台万种色。

复道交窗作合欢，双阙连甍垂凤翼。

　　意思是：看啊，长安的大道连着各种大街小巷，水牛、白马和香车在街上来来往往。王公贵族的车子纵横在贵族家外，络绎不绝。有雕着龙的华美车盖，车盖上的凤嘴挂着流苏的车子从早到晚穿行于长安。飘摇着的虫丝有百尺长，都绕在树上，一群娇小的鸟儿朝着花啼叫。成群的蜂蝶飞在宫门两侧，绿色的树，银色的台子，在阳光下映出许多颜色。府第的阁道、交窗上刻着合欢花的图案，两座望楼连着的房脊的双阙像金凤垂翅。

　　长安城的街道，不仅如上述诗句描写得那么繁华富丽，而且还见证了诗人在创作上的认真及执着。诗人贾岛在长安时，一次骑毛驴经过朱雀大街，当时正值深秋，风吹叶落。他灵感一来，想出了一句："落叶满长安。"旋即又苦思不已，吟出上一句"秋风吹渭水"。当时他太高兴了，一不小心撞了京兆尹（京城地方的长官）刘栖楚的仪仗，被抓起来关了一晚上。还有著名的"推敲"典故，也发生在长安城的街道上。当时，贾岛又一次骑驴吟诗，想着"僧敲月下门"的诗句,琢磨究竟是用"敲"字好还是用"推"字好,同时,手不停地比画着推与敲的动作,迷糊之中竟闯进代理京兆尹韩愈的仪仗队中,又被抓了起来。韩愈问清楚情况后,也很感兴趣,骑在马上想了很久后说:还是用"敲"字好。贾岛和韩愈就这样成了好朋友,而"推敲"也成了流传千古的文坛佳话。

(二)里坊

由这些大街分割出的一块块像菜畦一样的地方叫"坊",每个坊都有名字。坊内是房屋建筑,是人们生活居住的地方。白居易《登观音台望城》描述了登高眺望长安城的情景:

> 百千家似围棋局,十二街如种菜畦。
> 遥认微微入朝火,一条星宿五门西。

意思是:长安城百千家的分布像围棋盘一样,十二条大街把城市分隔得像整齐的菜田。远远望见官员们上朝时打的火把,像一串星宿闪烁在大明宫门附近。

里坊排列整齐,规则有序。每坊环筑坊墙,形成城中之城,具有高度的封闭性。坊数有很强的象征意义,衬托出皇权的威严。例如，外郭城南北排列13坊，据说象征"一年有闰"，即象征一年13个月；皇城正南的坊从东到西排了4列，据说是象征一年四季；从皇城向南排列9坊，是按照《周礼》的说法，象征皇都要有"九逵之制"。皇城正南的这4列36坊，因为向北正对皇城和宫城，建筑者认为"北出即损断地脉"，"不欲开北街泄气，以冲城阙"，所以只开东西二门，给居民造成了不便。

唐长安城坊的数量，历来说法不一。有108坊、109坊、110坊之说。随着都城建设的发展，长安城里坊之数前后是有变化的。唐代初年，长安城的里坊数为108坊。唐高宗龙朔二年（662）修建大明宫，为开通丹凤门南北大街，将郭城东北部丹凤门前的翊善坊、永昌坊一分为二，形成光宅、翊善、永昌、来庭4坊。这样，街东比初唐的54坊增加2坊，成56坊，然而不久之后，高宗、武后东封归来，以皇子渐长为理由，"乃于安国寺东附苑城，同为大宅，分院居之，名为十王宅，令中官押之"，这样，外郭城东北隅永福坊被圈入苑城，后来又改为十六王宅。这样，经过高宗时期这两次改建，朱雀门街东形成55坊的格局。因此，从高宗到开元初年，长安城共有109坊。唐玄宗开元二年（714），为建兴庆宫占去街东隆庆坊一坊之地。这样，街东里坊又减少一处，由原来的55坊变为54坊。兴庆宫后来虽又向胜业、永嘉、道政坊增扩，但并未引起坊数的变化。唐宣宗时期，在夹城中开便门，从芙蓉园北入青龙寺，俗号新开门，于是街东增加4坊，这样街东58坊，街西54坊，合计全城共有112坊。

长安城里坊形制规整，"棋布栉比，街衢绳直，自古帝京未之有也"。里坊平面基本上为方形或长方形，外围有高大的坊墙环绕。长安城的坊依照其面积大小分为三种类型：皇城以南36坊的面积最小，因为受到东西街道的影响，必须划为南北4列、东西9排以象"九逵"，这些坊只开东西门而无南北门，面积约0.25平方千米；与这36坊并列的东西50坊（或49坊），越靠近东西城墙，坊的面积就越大，这自然是由于东西顺城街窄小而造成的；皇城、宫城东西的24坊面积最大，每坊面积约0.77平方千米，除了烘托宫城和皇城的雄伟以外，也与这里是全城的核心和人口稠密有关。

里坊的人口分布不均衡。一般来说，"东贵西富"，"南虚北实"。从东西向来看，以朱雀大街为界，街东主要是官吏和贵族住宅，街西则是一般百姓、富商大贾等各色人等的集中区域，这就是所谓的"东贵西富"；从南北向来看，唐长安城住宅的分布中心在城北，以皇城向南第六横街为界，呈现出"南虚北实"的分布特点。长安城中人口主要分布在城的北半部，以崇仁坊最为集中。崇仁坊靠近皇城景风门街，由于与东市相连，距吏部选院最近，被选入京没有宅第的人多居住于此，加之东都、河南等21个府、州的进奏院（驻京办事处）都设在这里，因此"一街辐辏，遂倾两市，昼夜喧呼，灯火不绝，京中诸坊，莫之与比"。王公、贵族、权臣和宦官聚居于城的东北部，即大明宫以南、兴庆宫以北的各坊之中。从皇城以南第六坊安善坊向左右直抵东西城墙算起，往南诸坊是人口稀少的区域，叫作"围外之地"。京兆尹对围外诸坊管理比较松弛，所谓"围外坊无禁，旧时踏月明"，开明坊内没有定居的人，仅有开垦种植、阡陌相连的土地；升道坊更无人烟，"尽是墟墓，绝无人住"。佛寺道观也占据了一些坊地，兴善寺和昊天观各占靖善坊和保宁坊的一坊之地，教弩场和家令寺园也各占安善坊和昌明坊的一坊之地，而兰陵、昌乐、永达和道德诸坊，也只有一两座家庙或一两座寺观或池台园地。

当年的长安里坊住过许多著名的历史人物。如唐代初年，被唐太宗当作镜子的名臣魏徵住在永兴坊；宰相房玄龄住在务本坊；名臣长孙无忌住在人口最为稠密的崇仁坊；名将李靖住在平康坊，著名书法家褚遂良的住宅也在平康坊；唐玄宗开元年间著名的宰相姚崇住在兴宁坊、宋璟住在大宁坊；著名诗人白居易先后在新昌坊、宣平坊、昭国坊和长乐坊住过；唐宋八大家之一的文学家韩愈住在靖安坊；同为唐宋八大家之一的文学家柳宗元住在亲仁坊；名医孙思邈则住在光德坊。

最有意思的是位于亲仁坊的汾阳王郭子仪的府邸。《唐语林》记载，汾阳王府面积是亲仁坊的四分之一，当时身为宰相（中书令）的郭子仪，府邸相当豪华，"所居宅内诸院，往来乘车马，僮客于大门出入，各不相识"。有一天，郭子仪要出门，看见修房子的工人正在砌墙，便随口嘱咐了一句："好筑此墙，勿令不牢。"也就是说，一定要好好干活，把墙修得坚固一些。修墙的这位也心直口快，随即回答：数十年来，京城达官家的墙，大部分都是我所砌的，"只见人改换，墙皆见在"。意即只见主人更换，还没有见房屋倒塌的。

（三）市场

隋大兴城有两市，即"都会市"与"利人市"，唐代称为"东市"与"西市"。现在"买东西"一词中的"东西"最早就来源于唐长安城两大市场"东市"和"西市"。

考古发掘表明：两市均为长方形，东西对称，大小相若。东市在皇城外的东南部，遗址约在今西安交通大学西南方，南北长1000余米，东西宽924米，面积0.92平方千米。西市在皇城外的西南部，遗址在今西北工业大学西北部，南北长1031米，东西宽927米，面积0.96平方千米。两市四周均有夯筑围墙，四面各开二门，围墙内设沿墙街和井字形街道。街道两侧修有排水沟。井字形街道将两市各界划为九个长方形区域，每区都是四面临街，店铺罗列。东市"市内货财二百二十行，四面立邸"，成为"四方珍奇,皆所积集"的开放型市场。西市和东市一样,也是全城的经济活动中心,其在唐代后期达到极盛,超过了东市,因而被誉为"金市"。两市都设有专门的管理机构,如市署、平准署等,以管理市场和平抑物价。还有总管两市的市署。需要指出的是,中唐以后随着长安工商业的发展,在地区上突破了限在两市交易的制度,而且在时间上突破了禁止夜市的限制。

两市在位置上是对称的,分别设在皇城的东南和西南侧。应该说,在宇文恺最初的设计理念中,两市没有什么区别,建制、规模也基本相同。东市和西市的北面是春明门至金光门的东西向大街,街北为皇城。可以说,这条街道是长安城东西向的重要街道。从东市向东出春明门,可以从长安至灞桥,然后由灞桥经蓝田趋向东南各地;从西市向西出金光门,可以通往周至、户县等地,再向西经眉县就是沿渭河谷地到大散关的大道,也是西域商人来往长安的必经之路。两市的位置都便于商人和货物的进出。但是,由于两市周围居住人口的不同,导致东市和西市的发展有所不同。由于西市是位于长安城西边的市场,西域商

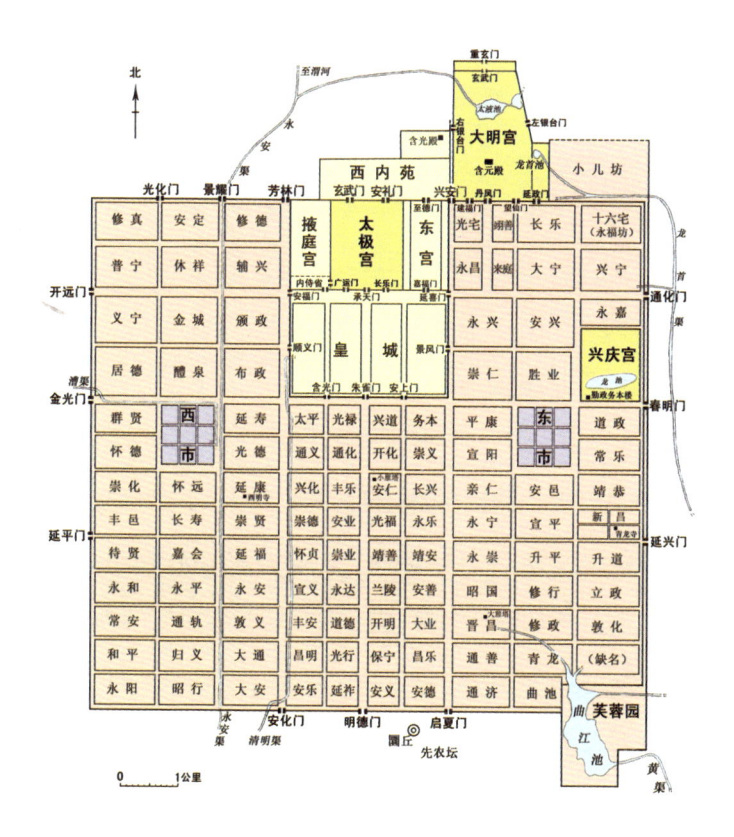

唐长安城平面图

人来到长安，首选的落脚之地就是距离西门不远的西市，所以，西市及周边诸坊外来民族（如胡商）人口较多，流动人口也比较多，"商贾所凑，多归西市"，形成了人气较旺的市场氛围。西市的商人主要是贩卖异域货物的胡商和从事小买卖的商贩。而东市临近大明宫、兴庆宫等政治性建筑，周边官宦人家较多，因此，虽然东市不像西市那样有市井气,人气不如西市旺,但是官宦人家的购买力和消费能力并不差。

五、恢宏寺观祠

隋唐两代是我国佛道两教都比较兴盛的时期。隋文帝时就推崇佛教,到唐初随着佛经的大量传入和武则天的倡导,佛教更加繁荣起来,因而长安城中建有100多座寺院。道教在这一时期也比较兴盛,李唐统治者以老子为其祖先,故大力宣扬道教。据韦述《两京新记》记载,长安郭城在隋大业初年有寺120座、道观10座,唐天宝之前有僧寺64座、尼寺27座、道士观10座、女观6座、波斯寺2座、胡祆寺4座。然而据曹尔琴研究,隋代寺观保留至唐代的有76座,唐代新建的有83座,唐代外郭城寺观共计159座,其中寺83座、尼寺29座、道士观34座、女观6座、祆祠5座、波斯寺2座。

佛道寺观大都散布在各坊之中,宫禁内也有专设的佛堂道观。东西两市专设有供善男信女放生的放生池,池旁建有佛堂。城垣外面也有一些寺观。另外,由于旅居在长安城的少数民族和外国人也很多,其他宗教活动也十分盛行。西市有波斯邸店，布政、礼泉、普宁、靖恭、崇化诸坊有波斯火祆祠，义宁坊有波斯景教大秦寺，波斯摩尼教也有大云光明寺，但是大云光明寺位于何坊，目前已难稽考。

大庄严寺和大总持寺是长安城内著名的寺院。大庄严寺在隋代叫作禅定寺，隋文帝仁寿二年（602）文献皇后独孤氏去世，伤怀不已的隋文帝在603年为妻立寺祈祷冥福。禅定寺规模宏大，占长安城西南隅永阳坊的东半部，以后，又将永阳坊以北的和平坊东半部划归寺内。隋文帝驾崩后，隋炀帝于大业三年（607）为其父立"大禅定寺"。隋文帝的大禅定寺在独孤皇后的禅定寺以西，也就是永阳、和平二坊的西半部。两座寺院的规模、建制是完全一样的。主持修建长安城的宇文恺，在这两座寺内各修一座高约百米的木塔，"驾塔七层，骇临云际。殿堂高竦，房宇重深。周闾等宫阙，林囿如天苑。举国崇盛，莫有高者"。因为隋文帝曾自立法号，名"总持"，又为独孤皇后起法号"庄严"，所以，到武德元年（618）唐高祖改大禅定寺为"大总持寺"，禅定寺为"大庄严寺"。

慈恩寺位于唐长安城晋昌坊东半部，占晋昌坊的一半，原是隋代无漏寺址。贞观二十二年（648），太子李治为去世的文德皇后追荐阴福，为追念慈母恩德而选中这"挟带林泉，务尽形胜"之地。玄奘是第一任方丈（上座），他邀集各地名僧组成佛经译场，译出的佛经超过了与他并称我国佛经翻译四大家的鸠摩罗什、真谛、不空三家翻译佛经的总和。玄奘还应唐太宗的嘱托，由弟子笔录，将17年旅行亲历的110个城邑和传闻的28个地区与国家的历史、山川、交通、风土民情、物产气候、政治、文化、宗教信仰等整理成《大唐西域记》12卷。这部关于中亚、南亚各国古代自然地理、政治经济、社会文化的重要典籍，是玄奘留给人类的珍贵文化遗产之一。玄奘在慈恩寺讲经授徒，开创了我国佛教宗派中最具哲理特色的法相宗，又名慈恩宗。为供奉和贮藏自印度带回的大量梵文经典和佛像舍利，玄奘亲自设计指导施工并参与担运砖石，建起一座五层塔。据记载，塔高180尺，基座每边长140尺，面积约2000平方米，平面近似正方形，高宽比例6∶5，大约完全依照印度形式，每层中心皆供奉舍利，最上层以石为室，塔顶有相轮露盘。由于砖表土心，仅存三四十年就逐渐颓坏。武则天又重建此塔，全部砖造，共有十层，唐末遭兵燹，余七层。雁塔题名是唐代中叶形成的风俗，新科进士及第，先要在曲江游宴，然后登临大雁塔题名塔壁留念。白居易27岁为进士，写下了"慈恩塔下题名处，十七人中最少年"的诗句。到后来竟形成"塔院小屋四壁，皆是卿相题名"的情景，可惜北宋神宗年间，大雁塔发生火灾，塔内楼梯全部烧毁，题壁因此消失。

荐福寺建于684年，位于唐开化坊南部，是唐中宗在藩时的宅第，唐中宗登基后为给唐高宗"追福"而改建为寺，其富丽堂皇程度可想而知。唐中宗第二次做皇帝，景龙元年（707）继续增建荐福寺，由于开化坊南部已经没有空间，所以，在隔街相望的安仁坊为荐福寺筑塔。荐福寺塔的建造年代比大雁塔晚半个世纪，形制也较小，因此叫作小雁塔。唐代著名高僧义净在唐高宗咸亨二年（671）只身搭乘波斯商船自广州出国，游学于印度半岛多年，亲历30余国，在武则天证圣元年（695）回国，带回梵文经书400余部。义净回国后在荐福寺主持佛经译场，共译经56

部230卷,是玄奘之后在佛经翻译上取得成就最大者。他还撰写了《南海寄归内法传》和《大唐西域求法高僧传》。

大兴善寺位于西安城南2.5千米处,即现在的兴善寺西街。唐玄宗时期号称"开元三大士"的印度高僧善无畏、金刚智、不空和尚等先后在这里传授密宗。密宗是印度佛教的一个支派,尊奉的最高神叫大日如来,据说大日与释迦牟尼为同一佛,密宗是依照佛的真实言《大日经》《金刚顶经》来修行的,可以现身成佛,还会经咒。不空和尚在此寺翻译密宗经典500余部,使之成为长安城翻译佛经三大译场之一,并成为中国佛教密宗的发源地。

青龙寺在长安城延兴门内新昌坊,建于隋文帝开皇二年(582),原名灵感寺。唐高祖武德四年(621)灵感寺被废。到唐高祖龙朔二年(662),城阳公主患病,僧人诵《观音经》祈福,公主病情好转后,发愿复立此寺,改名观音寺。唐睿宗景云二年(711),更名青龙寺,是佛教密宗教派的根本道场,以教学和发扬密宗而得名。天宝(742—755)之后到中唐时期,青龙寺达到极盛,其影响远远超出唐朝国域,对日本佛教的发展影响尤大,是日本佛教真言宗的祖庭。日本著名留学僧空海法师在青龙寺跟随唐代密宗大师惠果法师学习,后来继承惠果大师衣钵,回国后创立日本真言宗。日本佛教著名的"入唐八家",其中空海、圆行、圆仁、惠运、圆珍、宗睿六家都先后在青龙寺受法学习。1973年以来,中国社会科学院考古研究所西安唐城工作队在青龙寺遗址先后进行了三次调查和发掘,共发掘了两个院落遗址,其中有佛殿、塔基、回廊等,出土了佛像、经幢等遗物。

玄都观位于九五贵位,为统治者所看重,因此道士皆一时之选,是唐代道教文化的中心。著名的道士有:尹崇,精通儒释道三教;荆胐,声望卓著,太尉房琯见他都执弟子礼,当时有名的文士都与荆胐有交往。《朝野佥载》记载著名道士叶法善曾住在玄都观,他曾与"内道场僧"比赛,叶法善取出二升胡桃,连壳吃下,老僧仍不服气。情急之下,叶法善假装要把一个烧得红赤的铁钵扣到老僧头上,才使得老僧告饶。玄都观最有名的是著名诗人刘禹锡写的两首诗。唐顺宗永贞元年(805),王叔文的政治革新失败，刘禹锡因此被贬。唐宪宗元和十年（815），朝廷召刘禹锡回长安，他与人去玄都观游玩，写了《元和十年自朗州至京戏赠看花诸君子》：

紫陌红尘拂面来，无人不道看花回。

玄都观里桃千树，尽是刘郎去后栽。

这首诗刺痛了当权者，刘禹锡再度被贬。14年后，刘禹锡重回长安，再游玄都观，写下了《再游玄都观》的诗歌：

百亩庭中半是苔，桃花净尽菜花开。

种桃道士归何处？前度刘郎今又来。

六、富丽曲江池

唐长安城以山水为主布设风景区，在城市风景区的建设上别具匠心，谙熟地利，巧用地形，为自然之美更加增辉。其主要代表是城东南的曲江池。

曲江池位于长安城东南角城外，是距长安城最近的名胜风景区，盛极一时的"曲江饮宴"一直被传为历史佳话。作为名胜风景区，曲江池兴起很早，汉称宜春下苑，后因水流屈曲，称为"曲江"。

唐代的曲江风景区以曲江水面为主景，充分利用周围地形特点，设置楼台亭阁：池南地势最高，置有皇家御园芙蓉园，供皇帝和妃嫔游乐的紫云楼、彩霞亭就设在这里；池东是皇帝从夹城进入曲江的主要通道；池西有杏园和曲江亭，是举人、进士聚会的场所。其他楼台亭阁不计其数，并有盛开的荷花、杏花和翠蒲新柳点缀其间。卢照邻《曲池荷》："浮香绕曲岸，圆影覆华池。常恐秋风早，飘零君不知。"描述的便是曲江荷花开放的盛景。

曲江游赏，盛于唐代。正月晦日或二月初一中和节，帝王多在曲江设宴，与百官共庆佳节，"风俗时有变，中和节惟新。轩车双阙下，宴会曲江滨。"此时的曲江，春芽初绽，也是长安市民郊游的好日子，"彩幰翠帱，匝于堤岸，鲜车健马，比肩击毂"，一片热闹景象。三月初三上巳节，有在水边修禊的习俗。仲春盛景，绿草茵茵，鲜花怒放，长安"都人于江头禊饮，践踏青草，曰踏青"。唐代的曲江，各色人等，争相游赏。

有王孙公子跃马执鞭，前呼后拥，气派非凡，"曲江初碧草初青，万毂千蹄匝岸行。倾国妖姬云鬓重，薄徒公子雪衫轻"；

有贵族名媛意态风雅，歌舞女乐首尾相连，"三月三日天气新，长安水边多丽人。态浓意远淑且真，肌理细腻骨肉匀"；

有寻常百姓奔走欢笑，携妻带女，春兴盎然，"花落江堤蔟暖烟，雨余草色远相连。香轮莫辗青青破，留与愁人一醉眠"；

有文人雅客饮酒微醺，激昂文字，指点江山，"昔日龌龊不足夸，今朝放荡思无涯。春风得意马蹄疾，一日看尽长安花"。

第二节　九天阊阖开宫殿

唐长安城的宫殿有三组，这就是宫城内的太极宫、龙首原上的大明宫和春明门内的兴庆宫。

三组宫殿各具特色。由于方位的差异，一般称太极宫为西内，大明宫为东内，兴庆宫为南内。三组宫殿还可以分为两大类。太极宫和大明宫属于同一类型，它们倚龙首原而建，地势较高，这两座宫殿在建筑上都非常讲究对称整齐，它们的政治区和生活区都明显分开，政治区在南，生活区在北，在政治区都有一条明显的建筑中轴线；稍微不同的是大明宫在长安城外北边龙首原上，宫的南墙就是外郭城的北墙。兴庆宫与太极宫、大明宫不同，它在春明门内，地势较低，不讲究整齐对称，没有明确的区域划分。

一、方正对称太极宫

在唐长安城的三组宫殿中，西内太极宫是兴建最早的，也是最为方正、整齐对称的宫殿群。太极宫建于隋开皇初，当时称为"大兴宫"，到唐睿宗景云元年（710），才改称"太极宫"。

太极宫坐落在全城南北中轴线的最北部，建筑庄严严整，具有极其威严的气势。

唐代宫城实际上包括三部分：中部太极宫，东西宽1285米，是皇帝听政和日常生活的地方；东部东宫，宽832.8米，是太子居住的地方；西部掖庭宫，宽702.5米，是大量宫女居住以及犯罪官僚的女眷入宫劳动的地方。太极宫、东宫、掖庭宫南北宫墙长度相齐，均为1492.1米。

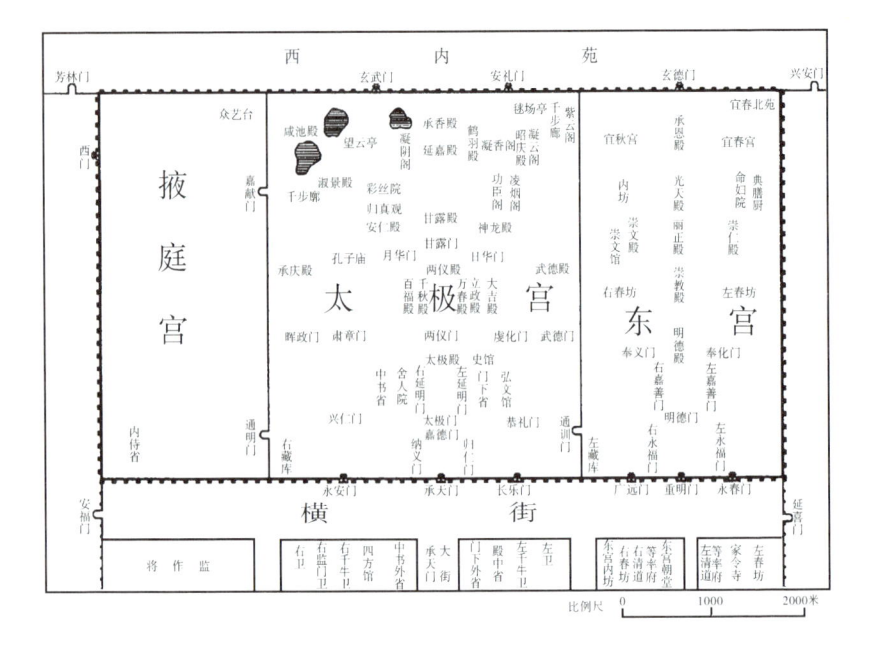

太极宫布局图

  中部的太极宫布局非常讲究，以承天门、太极殿、两仪殿、甘露殿等作为中轴线，其他建筑左右对称。同时，太极宫严格执行中国古代宫室建筑原则，主体建筑采用"前朝后寝"原则，以朱明门、肃章门、虔化门等宫院墙门为界，把宫内分为前朝、后寝两部分。

  前朝部分，按照《周礼》"三朝制度"进行布局，分为外朝、中朝、内朝三部分。

  外朝包括宫门——承天门及东西两殿，为"举大典，询众庶之处"。承天门是唐长安城太极宫正门，同时也是长安宫城和皇城共用城墙的中门。唐时的承天门十分宏伟，经考古探测得知，承天门东西残存部分长 41.7 米，已发现三门道。中间门道宽 8.5 米，西侧门道宽 6.2 米，东侧门道宽 6.4 米，门道的进深为 19 米。门址底下铺有石条和石板，建筑极其坚固。由于门址东侧已被破坏，向东是否还有门道，目前已无从得知。

承天门是皇帝与群臣议政和举行国事活动的重要场所。据记载，承天门上建有高大的楼观，门外左右有东西朝堂，400 多米宽的东西横街从承天门前穿过，构成了一个宏大的广场。从承天门向南到朱雀门的街道也异常宽阔，达 150 米，两侧集中了多个中央衙署，如中书外省和门下外省等。承天门是皇帝举行"外朝"大典之处。贞观十七年（643）四月丙戌，唐太宗立晋王李治为皇太子，就是在承天门举行仪式的。当时，仪仗队伍森然排列，文武百官肃立两边，京城士女层层围观。承天门前，千官序立，万民唱和，旌旗挥舞，盛极一时。唐太宗宣布大赦天下，下级官吏各升一级，鳏寡孤独、孝子节妇等都受到表彰。先天二年（713）九月己卯，唐玄宗初即位，在承天门宴请王公百官。唐玄宗喝嗨了，令左右向楼下抛撒金钱，让百官争拾，以为游戏。唐诗《退宫人》中"长说承天门上宴，百官楼下拾金钱"便指此事。唐代每逢元旦、冬至，皇帝还要在承天门宴请群臣。此外，皇帝接待各国朝贡使者、四夷宾客时，也要亲临承天门听政，如玄宗曾在此受吐蕃宰相尚钦藏献盟书。

承天门毁于历史上著名的承天门之变。乾宁二年（895），凤翔节度使李茂贞的干儿子右军指挥使李继鹏欲劫持唐昭宗去凤翔，左军指挥使王行实则希望劫持昭宗去邠县，为争夺天子，二者相互攻伐，致使长安大乱。战乱之中，承天门起火，唐昭宗离开承天门，从外郭城启夏门仓皇出逃。承天门就此被烧毁。

承天门的遗址，就在今天的西安市莲湖公园莲湖南偏西处。沧海桑田，千年前，莲湖公园的湖泊所在曾是巍峨的城楼和宽阔的街道；千年后，帝王们凭眺无限江山的门楼早已灰飞烟灭，化作一片莲湖。

中朝太极殿，在长安城诸座宫殿中地位最尊贵，是唐初皇帝每月初一、十五听政视朝之处，重要典礼如登基、册封、告祭、宴请等也在这里举行。唐高宗以后，皇帝大多移居大明宫和兴庆宫，但是，每当遇到皇帝登基或殡葬告祭等大礼，如德宗、顺宗、宪宗、敬宗等皇帝即位，代宗、德宗等皇帝葬仪，仍旧在太极殿举行仪式。为了行事方便，在太极殿的东侧设有门下内省、弘文馆、史馆，西侧设有中书内省、舍人院，这是宰相和皇帝近臣办公的处所。

内朝两仪殿是皇帝与小范围臣僚共商国是的地方，只有少数大臣可以入内。当然，因为是小圈子，所以举止较为随便，不太严肃。这里也是皇帝欢宴大臣与贡使之处。例如，贞观四年（630）四月，突利可汗归附唐朝，这令太宗皇帝大喜若狂。他设宴招待可汗和群臣，宴会上，太宗皇帝提议咏诗庆贺，于是就有了《两仪殿赋柏梁体》：

绝域降附天下平。（李世民）

八表无事悦圣情。（李神通）

云披雾敛天地明。（长孙无忌）

登封日观禅云亭。（房玄龄）

太常具礼方告成。（萧瑀）

后寝部分是皇帝日常活动及后妃居住区，主要有甘露殿、承乾殿、武德殿、凌烟阁、玄武门等建筑以及水榭、池陂、花树等。

甘露殿是皇帝在内宫读书的地方,李峤《甘露殿侍宴应制》有"月宇临丹地,云窗网碧纱""水向浮桥直,城连禁苑斜",描写了甘露殿的风景及装饰。甘露殿也是太上皇李隆基最后三年生活的地方。安史之乱后,李隆基返回长安,原本居住在兴庆宫,但是唐肃宗害怕太上皇威信犹在,结交旧臣,于上元元年(760)七月,命令宦官李辅国将太上皇以"游幸"的名义骗离兴庆宫。从此以后,唐玄宗移居西内甘露殿,身边旧侍一律不准留在左右,高力士被流放到巫州(今湖南黔阳西南),陈玄礼被勒令告老还乡,太上皇的女儿玉真公主也被勒令出居玉真观。这位雄才大略的唐玄宗困居甘露殿,在凄凉的禁闭生活中度过了他的暮年,直到宝应元年(762)病逝于神龙殿。后人写诗形容唐玄宗晚年的恓惶:"南内凄凉西内荒,淡云秋树满宫墙。由来百代明天子,不肯将身做上皇。"

承乾殿和武德殿是唐高祖时期分别赐给秦王李世民和齐王李元吉居住的地方。武德二年(619),秦王妃长孙氏

凌烟阁二十四功臣之唐俭

在承乾殿生下长子李承乾，"承乾"是宫室名称，但是它有着无比的深意，有"承继皇业，总领乾坤"之意。武德殿在隋代就有重要事件发生：隋文帝在这里宣诏废除太子勇；唐代初年李渊赐李元吉居住武德殿，由于这里与东宫仅一墙之隔，这就更方便了李元吉与太子李建成的勾结往来；先天元年（712），李隆基即位之初，还曾在这里处理朝政。

凌烟阁是功臣的画像阁。贞观十七年（643），唐太宗为怀念一同打天下的功臣，表彰他们的政绩及辅弼之功，

凌烟阁二十四功臣之房玄龄

凌烟阁二十四功臣之尉迟恭

命著名画家阎立本描绘了长孙无忌、杜如晦、魏徵等24人的画像，每张画像都是真人大小，面北而立。这些画像分三层悬挂于凌烟阁，唐太宗时常前往缅怀。有唐一代，为功臣画像并悬挂于凌烟阁，是朝廷褒奖功臣的重要手段。唐代宗广德元年（763），在贞观二十四功臣之外，又为郭子仪、李晟等画像。唐德宗贞元五年（789），在前代的基础上进行了新的遴选，总汇前代功臣褚遂良、李光弼等27人图像。唐宣宗大中二年（848），又一次遴选唐初以来"堪上凌烟阁功臣"王珪、岑文本、李岘、马周、马燧等37人图形，"立阁图形，荣号凌烟"。正如刘公兴《望凌烟阁》所说："丹楹崇壮丽，素壁绘勋贤。"

玄武门是历史上一座有名的建筑，"城高凤楼耸，场迥兽侯新",在太极宫的最北边。唐高祖武德九年（626）六月初四,秦王李世民在这里发动了著名的"玄武门之变"。据《资治通鉴》记载:唐高祖武德年间,太子李建成性情惰慢、喜欢饮酒、贪恋女色、酷爱打猎;齐王李元吉也常有过错。这两个人都不被高祖喜欢。而李世民则功勋卓著,名望日增,高祖有意让他取代李建成。太子李建成心中不安,与李元吉结成太子党,想尽办法排挤李世民。李世民则为了大局着想,极力忍让。同时,李建成和李元吉又曲意侍奉李渊的后宫妃嫔,奉承献媚,贿赂馈赠。相反,李世民不断抑制后宫诸妃,思念生母。当然,这样的人物设定,《资治通鉴》的作者司马光也怀疑相关资料的真实性。武德九年六月初四,在秦王身边的大部分武将和谋士被诬陷、斥逐之后,李世民决定发动政变,刺杀太子李建成和齐王李元吉。李世民亲自率领100多人埋伏在长安城北城墙的制高点玄武门内,等待从北苑经过玄武门到太极宫见驾的李建成和李元吉。当天在玄武门当值的武将常何是太子阵营的军官,但已投靠秦王。可是李建成还以为守卫玄武门这个重要地点的将军是自己人,所以没有防备。李建成和李元吉到了玄武门外的临湖殿才发觉不对头，急忙拨马往回跑。李世民带领伏兵从门内追杀而出。情急之下，李元吉向李世民连射三箭，竟然没有一箭射中。而李世民则一箭就射死了李建成，随后，自己的马被树枝绊住，动弹不得。近旁的李元吉则迅速夺得李世民的弓箭，用弓弦勒住李世民的脖子。在这千钧一发之际，尉迟恭射死了李元吉。不久，东宫和齐王府的卫兵开始攻打玄武门，薛万彻甚至扬言要攻打秦王府。这时，尉迟恭身披铠甲、手握长矛、满脸杀气，径直闯到唐高祖李渊面前，禀报说：太子、齐王阴谋作乱，已被秦王杀了。他又让皇帝下令，太子宫和齐王府的护卫必须立即停止抵抗。唐代开国皇帝李渊面对

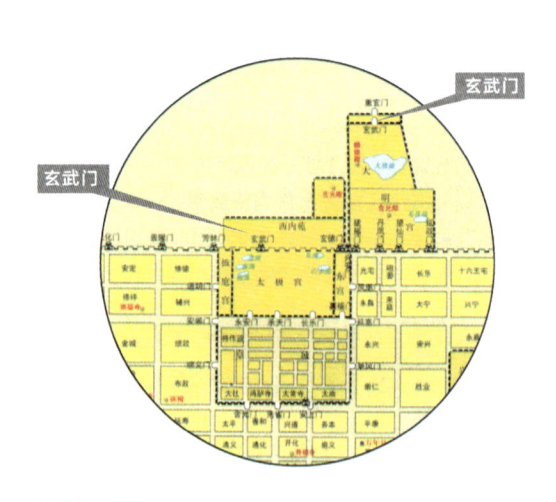

玄武门示意图

这样的悍将，也只好顺时应变。六月初七，唐高祖立李世民为太子，两个月后，传位给李世民。玄武门之变为唐太宗的御宇登基并开创贞观之治扫清了道路。后来，唐太宗常常在这里举行盛宴，他写过一首《春日玄武门宴群臣》：

韶光开令序，淑气动芳年。

驻辇华林侧，高宴柏梁前。

紫庭文珮满，丹墀衮绂连。

九夷簉瑶席，五狄列琼筵。

娱宾歌湛露，广乐奏钧天。

清尊浮绿醑，雅曲韵朱弦。

粤余君万国，还惭抚八埏。

庶几保贞固，虚己厉求贤。

这首诗记叙了宴会上诸夷毕至、群臣咸集的盛大场面，也表达了唐太宗希望求贤安邦的强烈愿望。

二、九天阊阖大明宫

东内大明宫建于唐代初期，贞观八年（634）开始营建，"以为上皇清暑之所"，因为太上皇李渊亡故，没有建成就停工了。至高宗龙朔二年（662），开始大规模营建

大明宫轮廓图

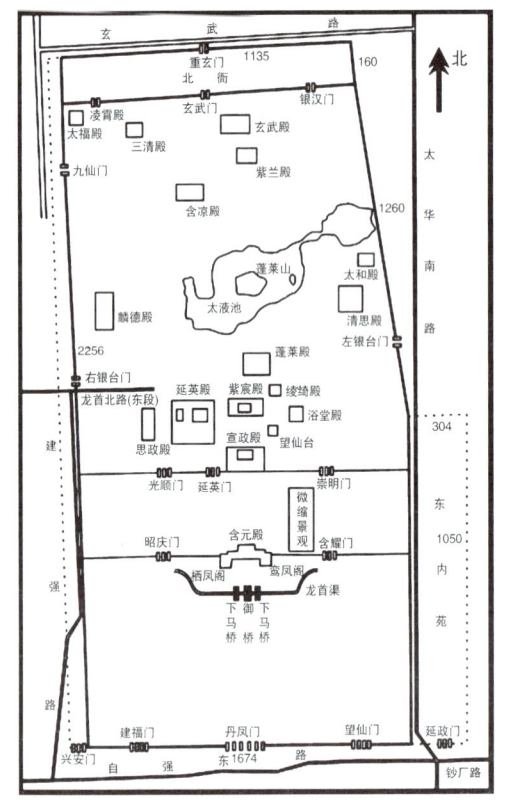

注：虚线表示尚未发掘区域

大明宫。大明宫南墙为外郭城北墙东部一段，长1674米，西墙长2256米，北墙长1135米，东墙弯曲，周长总计7628米，面积3.3平方千米，为一南宽北窄的楔形宫城，是长安城规模最大的一座宫殿群。大明宫的面积，是北京紫禁城的4倍，相当于3个凡尔赛宫、12个克里姆林宫、13个卢浮宫、15个白金汉宫、500个足球场。

从唐高宗开始，唐代皇帝大多在这里居住并处理朝政，唐中宗李显的诗句"大明御宇临万方"就描写了大明宫的政治作用。

每当晨鼓响起，在淡淡的晨曦里，上朝的文武百官朝服华冠、大袖拥笏,随从打着火把,像一串星宿一样蜿蜒在大明宫宫门附近,远远的,"遥认微微入朝火,一条星宿五门西"。贾至《早朝大明宫呈两省僚友》也写到了早朝的盛景:

> 银烛朝天紫陌长,禁城春色晓苍苍。
> 千条弱柳垂青琐,百啭流莺绕建章。
> 剑佩声随玉墀步,衣冠身惹御炉香。
> 共沐恩波凤池里,朝朝染翰侍君王。

这首诗的意思是:

点燃灯火去朝见君王,排列在长长的长安路上,

皇城春色盎然,晓来天色苍苍;

成千条细柳垂挂在宫门前,

上百只黄莺绕着宫殿婉转啼唱。

走在玉石铺就的台阶上,佩剑和玉佩叮当作响,

衣帽上都渗透了御炉里的烟香;

在大明宫里,大臣们都沐浴着浩荡皇恩,

天天起草诏令,侍奉君王。

王维的《和贾至舍人早朝大明宫之作》也是描写大明

宫早朝的著名作品：

> 绛帻鸡人报晓筹，尚衣方进翠云裘。
> 九天阊阖开宫殿，万国衣冠拜冕旒。
> 日色才临仙掌动，香烟欲傍衮龙浮。
> 朝罢须裁五色诏，佩声归到凤池头。

早朝之时，宫殿的大门依次打开，万国的使节跪拜朝贡。这首诗生动地再现了大明宫的雍容伟丽和庄严威武，其中"九天阊阖开宫殿，万国衣冠拜冕旒"成为形容大明宫外朝朝会盛景的著名诗句。

大明宫以丹凤门、含元殿、宣政殿、紫宸殿、玄武门（与太极宫的玄武门异地同名）为南北中轴线。主体建筑与太极宫一样，按"前朝后寝"规划。

前朝部分为政治区，含元、宣政、紫宸三大殿构成外朝、中朝、内朝三个空间。

外朝含元殿是大明宫南部政治区的正殿，是大明宫的政治中心。它位于龙首原上，突兀耸起，殿的东西两侧有对称的回廊和翔鸾（东）、栖凤（西）二阁。李华《含元殿赋》有"左翔鸾而右栖凤，翘两阙而为翼；环阿阁以周墀，象龙形之曲直"的描述。主殿前是一条阶梯和斜坡相间的龙尾道，分为中间的御道和两侧的边道，表面铺设花砖。由龙尾道下端仰视含元殿，犹如天宫降临云端。含元殿面朝宽阔的丹凤门广场，用于举行盛大庆典。每逢国家大典，含元殿盛况空前，千官望长安，万国拜含元。

中朝宣政殿为上朝议政场所，殿左右分别有中书省、门下省和弘文馆、史馆、御史台等重要官署。公元757年十二月，唐肃宗迎回太上皇，在宣政殿举行了一个隆重的仪式，唐玄宗李隆基在这里将传国玉玺交给唐肃宗。第二年正月，太上皇李隆基又在宣政殿册封唐肃宗为"光天文

含元殿遗址保护复原工程

武大圣孝感皇帝"。

含元、宣政、紫宸组成外朝、中朝、内朝的格局，被后世宫殿建筑所效仿，北京紫禁城的太和、中和、保和三殿就是这种格局的体现。

大明宫的后寝部分是生活区。波光潋滟的太液池把大明宫的后寝分为东西两部分。东部是皇帝后妃活动区，包括蓬莱阁、浴堂殿、绫绮殿等建筑；西部为皇帝在内廷举行宴会、游赏之处，以麟德殿、金銮殿、翰林院等建筑为主。

浴堂殿是皇帝在后寝活动的地方，最早见于文献记载是在唐德宗时期。《旧唐书·裴延龄传》记载，裴延龄主宰财政大权，唐德宗李适说：我居住的"浴堂殿"的大梁已经被虫蛀，有些腐朽了，但是苦于没有这笔预算，不能翻修。裴延龄回答：陛下本来就有一笔"本分钱"的，取之不尽，用之不竭。什么是"本分钱"呢？裴延龄的解释是：天下赋税之中有三分之一用于皇室的餐费，陛下非常节俭，剩余了很多，翻修一座宫殿根本不在话下。这是皇帝天经地义的"本分钱"，那些腐儒不知道。唐代中后期，皇帝常在浴堂殿召见翰林学士，与他们高谈阔论。唐文宗时，著名书法家柳公权担任翰林书诏学士，文宗皇帝常常在浴堂殿召见柳公权，蜡烛都烧完了，两人还意犹未尽，侍奉的宫人不愿意去取新的蜡烛，就用纸揉成烛芯，放在烛泪中继续点燃。

麟德殿大约建于唐高宗麟德年间，坐落在太液池西隆起的高地上，由三殿（前殿、中殿、后殿）、两楼（结邻楼、郁仪楼）、二亭（东亭、西亭）组成。麟德殿是我国建筑史上第一座前、中、后三殿相连的建筑，中殿主要采用高空采光的形式。麟德殿是唐代皇帝举行宫廷宴会、接待外国使节、观看乐舞表演的地方。公元703年，武则天在这里会见并设宴款待了日本遣唐使粟田真人；唐代宗也曾在此一次欢宴神策军将士3500多人；最著名的是唐德宗贞元十二年（796），皇帝在自己生日那一天，于麟德殿召集了给事中徐岱、兵部郎中赵需、礼部郎中许孟容与渠牟及道士万参成、和尚谭延等12人，讲论儒、道、释三教。在唐代，儒、道、释三教都得到了长足的发展，三教之间在许多问题上频频辩论、争执。当然，通过相互之间的陈述与辩论,客观上加深了儒、道、释彼此的了解。在麟德殿还发生过一件奇异的事情:"有鹡鸰千数集麟德殿庭树。"鹡鸰是一种嘴细、尾和翅都很长的小鸟,只要有一只离群,其余的就都会不停鸣叫,寻找同类。一般用鹡鸰来比喻兄友弟恭。《新唐书·让皇帝宪传》就记载了麟

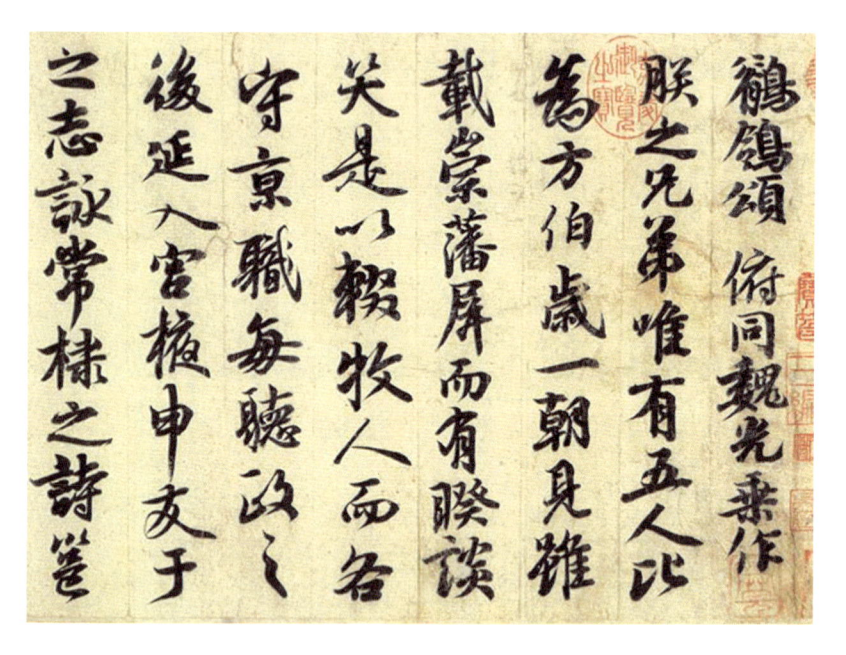

唐代李隆基《鹡鸰颂》部分(行书)

德殿鹡鸰聚集的事，并且歌颂了玄宗兄长让皇帝李宪对兄弟的情谊："帝於敦睦盖天性然，虽谗邪乱其间，而卒无以摇。"因为有鹡鸰飞到麟德殿的大树上，唐玄宗还写了《鹡鸰颂》：

  伊我轩宫，奇树青葱，蔼周庐兮。

  冒霜停雪，以茂以悦，恣卷舒兮。

  连枝同荣，吐绿含英，曜春初兮。

  蓐收御节，寒露微结，气清虚兮。

  桂宫兰殿，唯所息宴，栖雍渠兮。

  行摇飞鸣，急难有情，情有馀兮。

  顾惟德凉，夙夜兢惶，惭化疏兮。

  上之所教，下之所效，实在予兮。

  大明宫的北门也叫玄武门。与太极宫玄武门一样，这里也发生过军事变乱。唐中宗景龙元年（707），太子李重俊发动政变，韦皇后就是因为带领唐中宗登上玄武门门楼才控制了局面。唐中宗的太子李重俊不是韦皇后所生，被皇后韦氏厌恶，且常受安乐公主及驸马武崇训的凌辱，忍无可忍发动政变，矫诏率兵杀掉宰相武三思及其子武崇

保护复原工程后的麟德殿遗址

训,随即一不做二不休,发兵包围皇宫,要杀掉韦皇后和安乐公主。韦氏迅速反应,带领唐中宗登上玄武门门楼,同时调重兵镇压。李重俊率军攻到玄武门前,唐中宗当场宣布其谋反,于是李重俊政变失败。

三、盛唐气象兴庆宫

兴庆宫的兴衰与唐玄宗密不可分。兴庆宫位于春明门内,现在的兴庆公园就是它的一部分。唐玄宗尚未登基之前,与宁王宪、申王捴、岐王范、薛王业等都住在隆庆坊。这座坊被称为"五王宅"。唐玄宗登基后,为避讳,隆庆坊改名为兴庆坊。诸王"献宅为宫",主动搬离这里,兴庆坊大兴土木,在五王宅第的基础上建成兴庆宫,成为玄宗时期开元、天宝年间的政治活动中心。天宝十五载

（756）安史之乱以后，随着唐玄宗政治地位的下降，兴庆宫也失去了政治活动中心的地位，成为太上皇或太后闲居之所，大多数时间是太后等后妃常住之地。唐代末年长安城被毁，兴庆宫也被废弃。

兴庆宫东西长1080米，南北宽1250米，周长4660米，面积1.35平方千米，是三大宫殿群中规模最小的，约为明清故宫面积的2倍。

从布局上看，兴庆宫比较随意，没有"前朝后寝"及对称布局的考虑。兴庆宫中部有一道东西隔墙，将之大体分为北部宫殿区和南部园林区，但殿、阁、亭、楼等建筑分布随意，主要建筑物有兴庆殿、南薰殿、长庆殿、大同殿、勤政务本楼、花萼相辉楼和沉香亭等，建筑豪华壮丽，气势磅礴。

兴庆殿是兴庆宫的正殿，相当于太极宫的太极殿和大明宫的含元殿。兴庆殿位于兴庆宫宫城的西北隅，大型仪式如早朝、为皇帝上徽号、大赦天下等都在这里举行。如天宝十三载（754）春，玄宗皇帝在兴庆殿举行了受徽号的大礼，同时大赦天下，大部分官员都有优待。

勤政务本楼是兴庆宫的主要建筑之一,位于兴庆宫的西南隅。我国的宫殿建筑,大都称"××殿"或"××阁",以"楼"命名宫殿,应该是从勤政务本楼和花萼相辉楼开始的。勤政务本楼建于开元八年(720),这个名字含有深意,昭示唐玄宗初期的政治理想:"勤于政事,关心民瘼。"唐玄宗应该算是我国历史上最有作为的帝王之一。他执政之初,能够励精图治、任用贤臣,开创了开元盛世,是唐代社会发展的巅峰。后人评论唐玄宗说:"玄宗少历民间,身经磨难,故即位之初,知人疾苦,躬勤庶政。"勤政务本楼在开元年间是唐玄宗李隆基处理政务、举行重大典礼的地方。后来,这里成为唐玄宗举行大型歌舞宴会的场所。尤其是在每年的八月初五玄宗诞日千秋节,百官献寿,宫内除了各种高水平歌舞表演之外,还有大象、犀牛、舞马等百戏表演,以及公孙大娘的舞蹈、念奴的歌声、李龟年兄弟的演奏,可谓是花团锦簇,美不胜收。王建《楼前》诗:"天宝年前勤政楼,每年三日作千秋。"由于勤政务本楼西、南两面均临大街,所以这些表演常常引来长安百姓拥挤观看,"倾城人看长竿出,一伎初成赵解愁"。玄宗皇帝出于与民同乐的心理,"万方同乐奏千秋",并不制止,仅在太过嘈杂拥挤时让宫中女乐高歌一曲,以安抚众人。《旧唐书》记载,天宝十三载三月,唐玄宗在勤政务本楼举行科举考试,并在原本要考的策论之外,加试诗赋各一首。此后,诗赋成为科举的必考项目。这项举措也促进了唐诗的进一步繁荣。

花萼相辉楼在勤政务本楼之侧,也位于兴庆宫西南角,它的命名可能与《诗经·小雅·棠棣》有关。《棠棣》有:"棠棣之华,鄂不韡韡;凡今之人,莫如兄弟。"这是一首歌唱兄弟亲情的诗,比喻兄弟之间和睦亲爱互相扶助。唐玄宗在花萼相辉楼设置了大床、大被、长枕,常在这里与其他兄弟同枕共眠。唐初骨肉相残事件太多,尤其是唐玄宗本人非嫡非长,仅凭借"唐隆之变"扶立睿宗之功,被破格立为太子。所以,作为一个善于防患于未然的君主,唐玄宗特别注意防范其他兄弟,主要是老大宁王李成器(后改名李宪,死后谥"让皇帝")与老四岐王李范。当然,唐玄宗也特别注重培养与兄弟们的感情,花萼相辉楼的命名就展示了唐玄宗对兄弟的情谊,他在《夏首花萼楼观群臣宴宁王山亭回楼下又申之以赏乐赋诗》中宣扬了他的兄弟"人和"观念：

> 楼上风花媚，城隅赏宴归。
> 九歌扬政要，六舞散朝衣。
> 天喜时相合，人和事不违。

花萼相辉楼也是玄宗皇帝宴请各国来使、举行盛大庆典的地方。天宝元年（742），毗伽可汗妻可登来到长安，唐朝政府就是在花萼相辉楼举行大型国宴的。唐玄宗的诞辰"千秋节"也常在这里举行，天宝年间甚至形成了互赠贺寿铜镜的习俗。花萼相辉楼是大型宫殿楼宇，代表着盛唐宫廷建筑的精华，也代表着大唐名楼的辉煌成就。"花萼楼前雨露新，长安城里太平人。龙衔火树千灯艳，鸡踏莲花万岁春"，就道出大唐盛世的万千气象。

龙池是兴庆宫中的主要水体。兴庆宫地势较低，以园林风景取胜。唐初引龙首渠水入城后，坊内低洼处形成池沼，传说池沼上有云气并有黄龙出现，故称之为"龙池"。相传龙池中曾大量种植荷花、菱角及各种藻类植物，龙池南岸还种有可解酒性的"醒醉草"。据史籍记载，唐玄宗与其嫔妃、大臣经常在这里泛舟游乐。开元二年（714），右拾遗蔡孚收集王公卿士们写的与龙池有关的诗赋130首，编成《龙池篇》，进献皇帝。唐玄宗让主管音乐的太常寺从中选出10首，配上音律，合成《龙池篇乐章》，成为国家的礼乐词章，担负起教化的责任。沈佺期的《龙池篇》是其中的代表作：

    龙池跃龙龙已飞，龙德先天天不违。

    池开天汉分黄道，龙向天门入紫微。

    邸第楼台多气色，君王凫雁有光辉。

    为报寰中百川水，来朝此地莫东归。

  沉香亭用名贵稀有的沉香木建成，亭前种植珍奇花卉，包括红、淡红、紫、纯白四种牡丹，并有一日花色四变的奇特品种。当年唐玄宗与杨贵妃经常在沉香亭赏花游乐，歌舞升平，演绎了一段千古流传的爱情故事。一次，玄宗皇帝逸兴勃发，说："赏名花，对妃子，焉用旧词乐为？"于是，让翰林待诏李白创作新词，这就是著名的《清平调三首》：

    云想衣裳花想容，春风拂槛露华浓。

若非群玉山头见，会向瑶台月下逢。

一枝红艳露凝香，云雨巫山枉断肠。
借问汉宫谁得似，可怜飞燕倚新妆。

名花倾国两相欢，长得君王带笑看。
解释春风无限恨，沉香亭北倚阑干。

这三首诗表面上吟咏的是沉香亭旁的牡丹花，事实上是以花喻人，把宫廷的美女比作娇艳的牡丹，又以巫山神女和汉宫飞燕比喻杨贵妃的得宠与国色天香，赏花的同时又在赏人。名花美女交相辉映，相得益彰。

南薰殿是唐玄宗退朝后休息、观看乐舞的地方，位于兴庆宫中北部。南薰，指《南风歌》，相传为虞舜所作，歌中有"南风之薰兮，可以解吾民之愠兮"等句。由此看来，南薰殿可能是兴庆宫中用音乐行教化的固定场所。王维有"陌上尧樽倾北斗，楼前舜乐动南薰"的诗句。杜甫《丹青引赠曹将军霸》写道："开元之中常引见，承恩数上南薰殿。"

兴庆宫是盛唐时期的宫殿群，晚唐之际，这些辉煌的楼阁仍在，只是已经荒凉没落。它的盛衰，较之太极宫和大明宫更加明显，因此，它的宫殿楼阁也成为文人骚客诗词中感慨今昔的对象。例如，杜牧有《过勤政楼》："千秋令节名空在，承露丝囊世已无。唯有紫苔偏得意，年年因雨上金铺。"戎昱有《秋望兴庆宫》："先皇歌舞地，今日未游巡。幽咽龙池水，凄凉御榻尘。随风秋树叶，对月老宫人。万事如桑海，悲来欲恸神。"

第三节　街鼓鼕鼕理长安

长安有 100 多个里坊和 2 个市场，实行的是坊市制的管理。坊市制度是隋唐时期对城市进行组织管理的基本制度，是一种人为的格局，它不是城市自然发展的产物。

坊市制的特点，概括起来有三个：

第一，居民住宅都建造在用墙围起来的"坊"内，居民住宅的大门面向坊内街道，这就意味着人员出入必须通过有专职保安看守的坊门。当然，这种规定是有例外的，三品以上官员和勋戚权贵住宅可以破坏坊墙，临街启户开窗或接檐起楼。

第二，坊门开启和关闭都是定时的。长安城楼会定时敲鼓，每天两次。晨鼓响，坊里与京城、皇城及宫城门依次开启，百官上朝，市民走出坊门和城门。坊里坊外，大街小巷人员开始流动，城里城外得以流通。暮鼓响，人们由坊外进入坊内，郭城门、宫城门、坊门相继关闭。《唐律疏议·杂律上》详细记载了暮鼓敲响的情形：顺天门上的鼓敲击400下，城门关闭；然后再敲击600下，长安诸坊坊门关闭，坊外大街上禁止行人出没。晨鼓和暮鼓，被称为"鼛鼛鼓"。白居易有一首诗《城上》就提到了"城上鼛鼛鼓，朝衙复晚衙"，可见鼛鼛鼓是长安居民日常必不可少的一种报时装置。

第三，最能体现唐代长安坊市特点的是以街鼓为特征的禁夜制度，这是人为制定出来的符合统治者需要的一套都城空间秩序。暮鼓停止后，坊外所有活动全部停止，夜禁开始。夜禁期间，坊外空无人行，呈现出"六街鼓歇行人绝，九衢茫茫空有月"的街景。这项制度被严格执行，官员犯禁也要受到制裁。《旧唐书》曾记载，中使郭里旻酒醉犯夜，被当场杖杀。当然，里坊禁夜制度也有人性化的一面，例如在正月十五上元节和一些特殊的节日，市民可以在晚上走出里坊，整夜在市场或大街上玩乐。如果市民遇到婚、嫁、丧、病等紧急情况，也可破例开坊门。

我们可以从唐代传奇和一些历史故事来进一步理解长安的里坊管理制度。

一、李娃巧计弃郑生

唐传奇中，《李娃传》就是完全按照唐代长安生活场景和生活规律创作的符合长安里坊管理制度的人情小说。《李娃传》的故事大意是：唐玄宗天宝年间，常州刺史荥阳公之子郑生在长安准备科举考试，爱上名妓李娃，资财耗罄后被弃逐。郑生落难，以唱挽歌为生，其父荥阳公恼其自甘堕落，对郑生进行鞭挞，郑生遂乞讨度日。一日大雪，郑生饿冻交加，几欲死去。李娃见状，悔恨交加，调养好郑生，并促其志学。郑生最终连中高第，父子、夫妻和好如初，幸福生活。

我们从郑生和李娃在唐长安里坊市场的空间活动说起。

郑生来到长安应举，住在布政坊一座旅店里。布政坊是朱雀大街西第三街从北向南第四坊，东邻皇城，位置在现在西安市环城西路以西，西关正街与丰庆路之间（即西安市自来水公司及附近）。因为布政坊与皇城仅一街之隔，所以，外地官员使臣来长安公干，大都会住在这里。布政坊的旅店也比较多。

一天，郑生去东市游玩。东市是长安城两个市场之一，商行众多，商业繁荣。回来时郑生从平康坊东门入。平康坊在朱雀大街以东第三街从北向南第五坊，即今环城南路以南。东市的西面有两座坊，北为平康坊，南为宣阳坊。平康坊的东门约在今雁塔路东、安西街西附近。郑生进入平康坊，在坊西南鸣珂曲遇到妓女李娃，一见钟情。于是，他携带大量钱财，至平康坊宿于李家。鸣珂曲在平康坊之西南，约今市政二公司西南。唐代长安妓女多在平康坊居住。《北里志》记载："平康里，入北门东回三曲。即诸妓所居之聚也。妓中有铮铮者，多在南曲、中曲。其循墙一曲，卑屑妓所居，颇为二曲轻斥之。其南曲中者，门前通十字街，初登馆阁者，多于此窃游焉。二曲中居者，皆堂宇宽静，各有三数厅事。前后植花卉，或有怪石盆池，左右对设，小堂垂帘，茵榻帷幌之类称是。"就是说平康坊的"诸妓"也分有等级，比较高级一些的，住在平康坊北门以东的南曲和中曲，与坊内主干街道的十字街相通，屋宇规模较大，陈设装饰较为豪华；"卑屑"一点的则住在坊墙附近。李娃所在的鸣珂曲，不是进平康坊北门向东的三曲，而是在平康坊西南，她的住宅"门庭不甚广，而室宇严邃，阖一扉"，与南曲和中曲的妓者住宅相比要差一个档次。

郑生留住在鸣珂曲李娃家里，狎戏游宴，挥霍无度，终导致囊中尽空，又卖掉骏马及家童支撑，一年之后，"资财仆马荡然"。于是，李娃及其鸨母根据长安的里坊管理制度设计了一场骗局，要弃逐郑生。一日，李娃与郑生游玩归来，来到平康坊南门，这里也是宣阳坊北门，李娃谎称姨母住在宣阳坊进北门向东转的一座大宅中。于是，二人到姨母家中并受到款待，消磨下午时光。忽然有人报信说李娃鸨母遇疾病危，李娃留下郑生在姨母家，自己骑马先回。李娃姨母以"李娃要和家人商议丧事"为由拖住郑生，等到鼟鼟鼓响，才急催郑生回平康坊鸣珂曲李娃家。当然，当郑生经宣阳坊北门、平康坊南门赶回李家，却发现已经人去屋空。询问邻居，才知这里是李娃租赁的住处。郑生欲急驰回宣阳坊诘问姨母，但是鼟鼟鼓终，坊门已经关闭了。第二天，晨鼓一响，坊门开启，郑生就赶到宣阳坊找姨母，没想到宅在人无踪。询问看门人，才知大宅院是官宅，主人在外为官，李娃姨母只租了一天而已。

《李娃传》根据长安特殊的时间与空间，利用长安的里坊管理制度，制造了跌宕起伏的郑生受骗被甩情节。为了甩掉郑生，李娃的鸨母在宣阳坊租房，假为李娃姨母宅。宣阳坊与平康坊南北相邻，只隔一条横街，李娃下午骑马从宣阳坊回到平康坊，姨母已算好时间，在天黑夜禁前催郑生赴平康坊鸣珂曲，既能使郑生回到平康坊，又使郑生没有时间再返回宣阳坊，同时也给自己脱身留下时间。《李娃传》中有一个细节，平康坊李娃的住地和宣阳坊李娃姨母的豪宅都是租赁而来，那么可以推测：李娃的真正住宅可能在平康坊与宣阳坊附近的坊中，尤其是距离宣阳坊较近，只有这样，当哄走郑生之后，李娃姨母才可能在夜禁前回到她所居之地。后来的故事情节证明，李娃就住在东市之南的安邑坊中。

由此可见，《李娃传》的叙事不但利用都市坊里、街衢空间展现情节，还利用里坊管理制度来制造情节。

关于禁夜制度的描写，在《李娃传》中还有一个细节。郑生第一次在平康坊西南鸣珂曲李娃家宴饮，忘了时间，直至鼕鼕鼓响。当时，李娃鸨母问起郑生的住处，甚至催促郑生："鼓已发矣，当速归，无犯禁。"这说明长安市民对鼕鼕鼓的寓意是非常清楚而且乐意遵守的。当时，郑生居住在布政坊，布政坊在平康坊西北，布政坊南门距离平康坊西门约3750米。虽然鼓已初响，但鼓声要响数百下，鼓声停止前，郑生骑马是有可能返回布政坊的。可是，郑生为了留宿李娃家，谎称自己住在长安城西墙最南门延平门外。延平门在平康坊西南，是距离平康坊最远的一座城门，从平康坊西门至延平门南北隔三个半坊（即三个坊又半个坊、三条街），东西隔七坊九街，距离约为8190米，这是无论如何也不可能在鼕鼕鼓声停止前赶回的。因为这个谎言，郑生当天留宿李娃家，也间接造成后来被骗的悲剧。

郑生被李娃骗甩之后，回到布政坊邸店，因为满怀怨愤加上阮囊羞涩，得了重病，旅店主人把他弃于街西凶肆。街西凶肆可能在布政坊之南的长安西市之中，即现在所谓的殡仪馆。在凶肆中挽歌手的照料下，郑生的病情逐渐好转。唐代丧俗，专门唱挽歌为逝者送行的人就是挽歌手。郑生学习挽歌，因文才华美、嗓音嘹亮，成为长安无与伦比的挽歌手。后来，郑生被东凶肆秘密聘请，代表东凶肆出战在天门街举办的挽歌比赛。

天门街就是今西安市朱雀门大街口，朱雀大街是条国家礼仪大道，宽 150 米，它与金光门到春明门宽 120 米的经济干线十字交叉，形成一个纵横 18000 平方米的大广场，是举办祈雨活动和声乐杂技比赛的重要场所。《乐府杂录》记载，贞元年间，因天气大旱，皇帝下诏在天门街广场东西各建两座彩楼祈雨，东西两市的娱乐从业人员要进行比赛，当时东市的琵琶师名叫康昆仑，在比赛中输给了西市的琵琶手。郑生代表东凶肆赛挽歌时，他的父亲常州刺史荥阳公来到首都长安汇报工作，正好看到了他寄予厚望、早早到长安应举的儿子成为当时人眼中下九流的挽歌手，愤慨异常，把郑生带到长安东南的风景名胜之地曲江杏园，鞭之数百。郑生不胜其苦而将毙，被东凶肆带回后又弃之不顾，逐渐沦为乞丐。由此可见，郑生由于身体虚弱，行乞范围可能就在东市附近。

冬日大雪，郑生为冻馁所驱，乞讨行经安邑坊东门，顺着坊墙走，向北走过七八户人家，看见一户开了左扇门，郑生在门前叫喊乞讨，"音响凄切，所不忍听"。这里就是李娃所居之地。李娃闻郑生惨叫声，将绝倒于地的郑生以绣襦裹起扶回。安邑坊在长安东市之南，是朱雀大街东第四街（皇城东第二街）从北向南第四坊。安邑坊里的李娃宅，就在今西安铁路局西铁五小附近。李娃从良后，在安邑坊东北角租一小院，精心照顾郑生，劝其发愤读书，郑生终于名中高第，官成都府参军，并与父亲和好，与李娃正式结为夫妻，生四子皆为大官。

《李娃传》在视角空间上把长安城拉了进来，囊括了当时的里坊、市场、街道、城门等各色城市细节，以当时长安居民所熟悉的街衢、里坊作为故事的舞台，以人们习

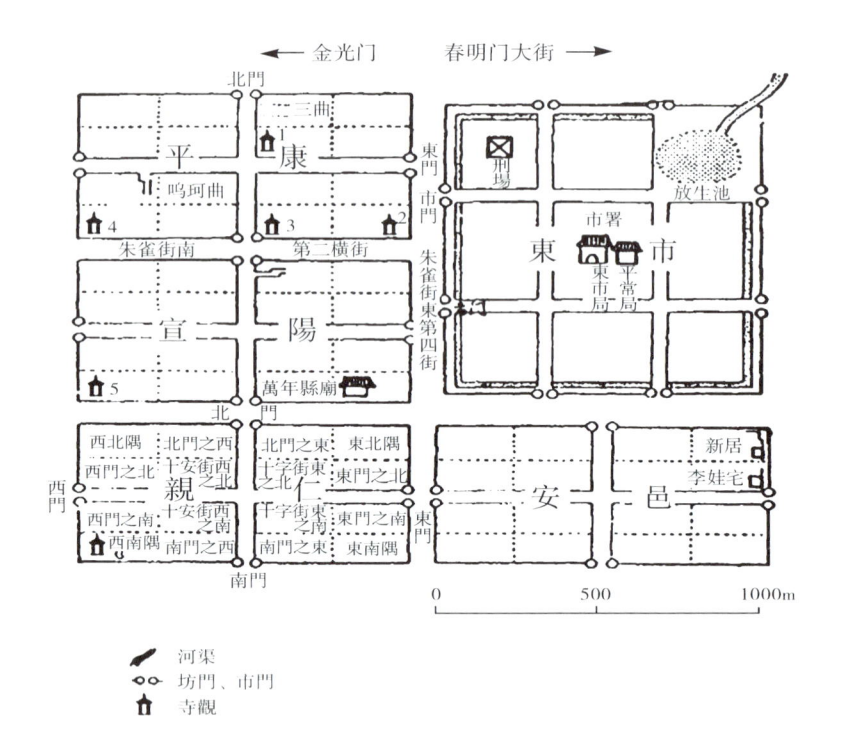

《李娃传》中平康坊、宣阳坊、安邑坊的相对位置

以为常的日夜活动时间的规律，使故事本身更富有广度和深度，情节展开得自然而顺畅。妹尾达彦认为，《李娃传》"故事的起源、转折都有长安真实存在的坊名、街道名称出现，使故事增强了现实感"。

二、上元解禁寻破镜

长安城有严格的禁夜制度，这一点通过《李娃传》的描述已经非常清晰了。但是在每年正月十五上元节前后三天，金吾不禁，不管多晚，所有市民都可以自由出入街巷。《破镜重圆》的故事就是利用上元节解除宵禁的制度来发展故事情节的。

唐人韦述在《两京新记》中记述了正月十五"弛禁"的制度。这一天晚上，上自皇上后妃、王公贵族，下至庶民百姓、文人雅士、诸番夷狄，莫不上街观灯。唐中宗时期，诏令宫女可以在上元节上街观灯，结果，当天晚上2000余名宫女失踪未归，第二天，唐中宗照样同意宫女们出宫观灯。苏味道《正月十五夜》写道：

> 火树银花合，星桥铁锁开。
>
> 暗尘随马去，明月逐人来。
>
> 游伎皆秾李，行歌尽落梅。
>
> 金吾不禁夜，玉漏莫相催。

这首诗翻译成现代文，意思是：

灯火灿烂，今天晚上弛宵禁；

铁索开启，任人随便来通行。

马儿飞驰而去，扬起尘土；

明月追逐行人，分外美丽。

歌妓花枝招展，且游且歌；

金吾不加管制，漏鼓莫催。

韦述的《两京新记》也收录了《破镜重圆》的故事。隋代，南朝有乐昌公主和太子舍人徐德言为夫妻，国破家亡时，二人击破一镜，各收其半，相约：如果乱中失散，就在每年正月望日（正月十五）于所在城市的市场中兜售破镜，希望能够因此团圆。乐昌公主后来流落于隋尚书令越国公杨素后宅。杨素宅在延康坊西南隅。延康坊的位置在朱雀大街西第三街从北向南第七坊，与第四街之利人市（唐改为西市）犄角相望。乐昌公主每年正月十五令阉奴拿着半个"务令高价"的破镜，到利人市去出售。多年后，徐德言经过千辛万苦，风尘仆仆来到长安。偌大的长安城，只有两个市场——东市和西市，这里是充满交流机会的信息空间。徐德言终于等到了他的另一半破镜。当然，以今天的视角来看，依靠在市场卖镜来找人极其不符合逻辑。但是在隋唐时期，市场被局限在政府规定的区域，一座城市中，市场只有几个，找起来还是相对容易一些。从时间上来看，隋唐时期的城市只有正月十五前后三天是弛禁的，而且文人仕女大多出门观灯，因此，约在每年的正月十五卖镜，寻到人的把握会更大一点。

杨素宅在延康坊西南隅，奢僭豪华。隋炀帝大业年间，杨素的儿子杨玄感因谋反被诛，这座豪华宅第就被没收。唐武德初年，这里成为万春公主的住宅，到唐太宗贞观时期，李世民把这座宅第赐给嫡二子魏王李泰，李泰死后，

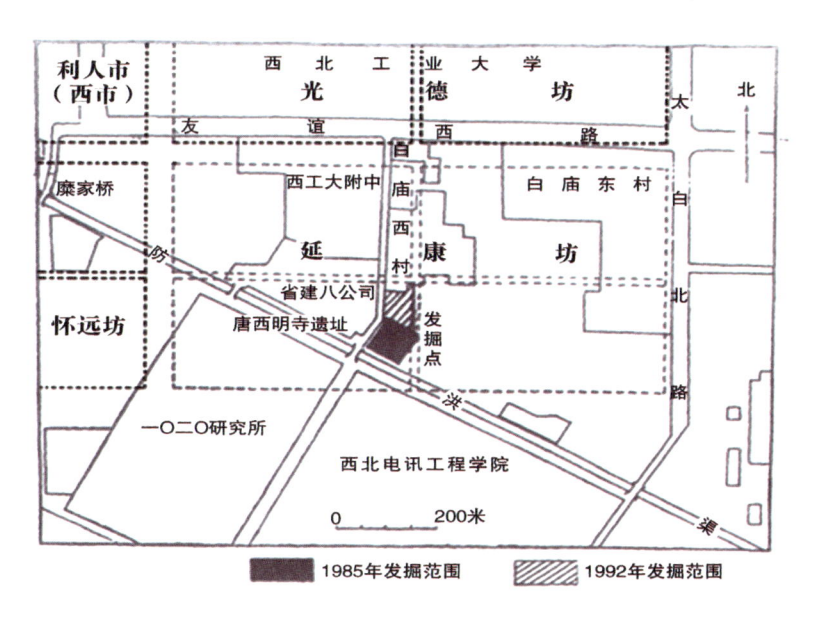

杨素宅发掘点与利人市的相对位置

这里无人居住，成为西明寺。西明寺是长安右街之中最大的佛寺之一。

三、街鼓禁夜保安全

这种坊市封闭和定时启闭的里坊管理制度，有利于加强对城市居民的管理和控制，也有利于维护里坊的居民安全。而在里坊之外的大街上，相对来说安全系数就低了许多。唐代长安城中的一些暗杀和斗殴等治安事件，大部分发生在里坊之外，比较引人注目的是武元衡被杀事件。

唐宪宗元和十年（815）六月三日早上，天还没亮，鼕鼕鼓响后，官拜门下侍郎平章事的武元衡离开官邸所在的靖安坊东门，沿着宽100步（合147米）的启夏门大街向北行进，路旁林荫树后窜出刺客，将他刺杀。《旧唐书》记载："六月癸卯，天未明，元衡入朝，出所居靖安坊东门。有贼自暗中突出射之，从者皆散去，贼执元衡马行十馀步而杀之，取其颅骨而去。"

靖安坊在朱雀大街东的第二街与第三街之间，不论自南侧的安德坊还是从北面的务本坊数起均为第五坊。武元衡要到大明宫，最好的路线是出靖安坊东门，沿着启夏门大街一路向北。但是，这条例行路线及武元衡的出入时间也被刺客掌握，刺客将他刺杀于坊门之外。

与此同时，御史中丞裴度在"通化坊"门外遇袭。这是《旧唐书》记载的。但是，长安城中并没有名为"通化坊"的里坊。长安东城墙从北数第一门为通化门，可能裴度在通化门附近被袭，因而史官记录该处为"通化坊"。由此推测，裴度的住宅应该在通化门以内南侧的永嘉坊。因为如果裴度居住在通化门以内北侧的兴宁坊，他早朝的路线极有可能出兴宁坊西门向北直行，这样距离通化门比较远。只有裴度居住在永嘉坊，出北门或西门后遇袭，才距离通化门较近。

武元衡在靖安坊门外被刺杀，裴度在永嘉坊外通化门附近遇袭，都从另一个角度说明，长安城坊市管理的禁夜制度能将外来侵扰隔绝开来，有利于保护城市居民的安全。

坊市管理制度在产生之初，以其整齐划一、规范有序、维护社会的稳定而被推崇，但是随着社会经济的发展，这种制度给人们的日常生活带来了极大的不便。

到唐代中后期,随着商品经济不断发展,封闭的坊市制度逐步被破坏了。唐代宗大历二年(767),朝廷就发过一个文件,大致的意思是,朝廷发现各坊及两市有很多沿街违章搭建现象,要求在一定时间内全部拆毁,同时点名要求京兆尹李勉将拆迁违章建筑作为工作的重心。居民住宅侵占坊外街道面积,其目的多半是居民住宅改商用,是为了拆除坊墙来经商开店,或者是为了自家出入便利,不受鼕鼕鼓的约束。至于东市和西市两个商业区也有拆除坊墙、侵占市外街道面积的现象,肯定是商家不愿意受市门早晚关闭的限制,希望延长营业时间。令人惊讶的是,这项由中央发文件、京兆尹亲自督责的拆迁行动,可能并没有产生什么良好效果。因为,大历十四年(779)六月初一,朝廷再次发文,勒令拆除坊外违章建筑,这份诏书所披露的情况比此前更为严重:"诸坊市邸店,楼屋皆不得起,楼阁临市人家,勒百日内拆毁。"这说明违章建筑已经从铺面发展到楼宇了。坊市的管理制度被打破了。

第二章

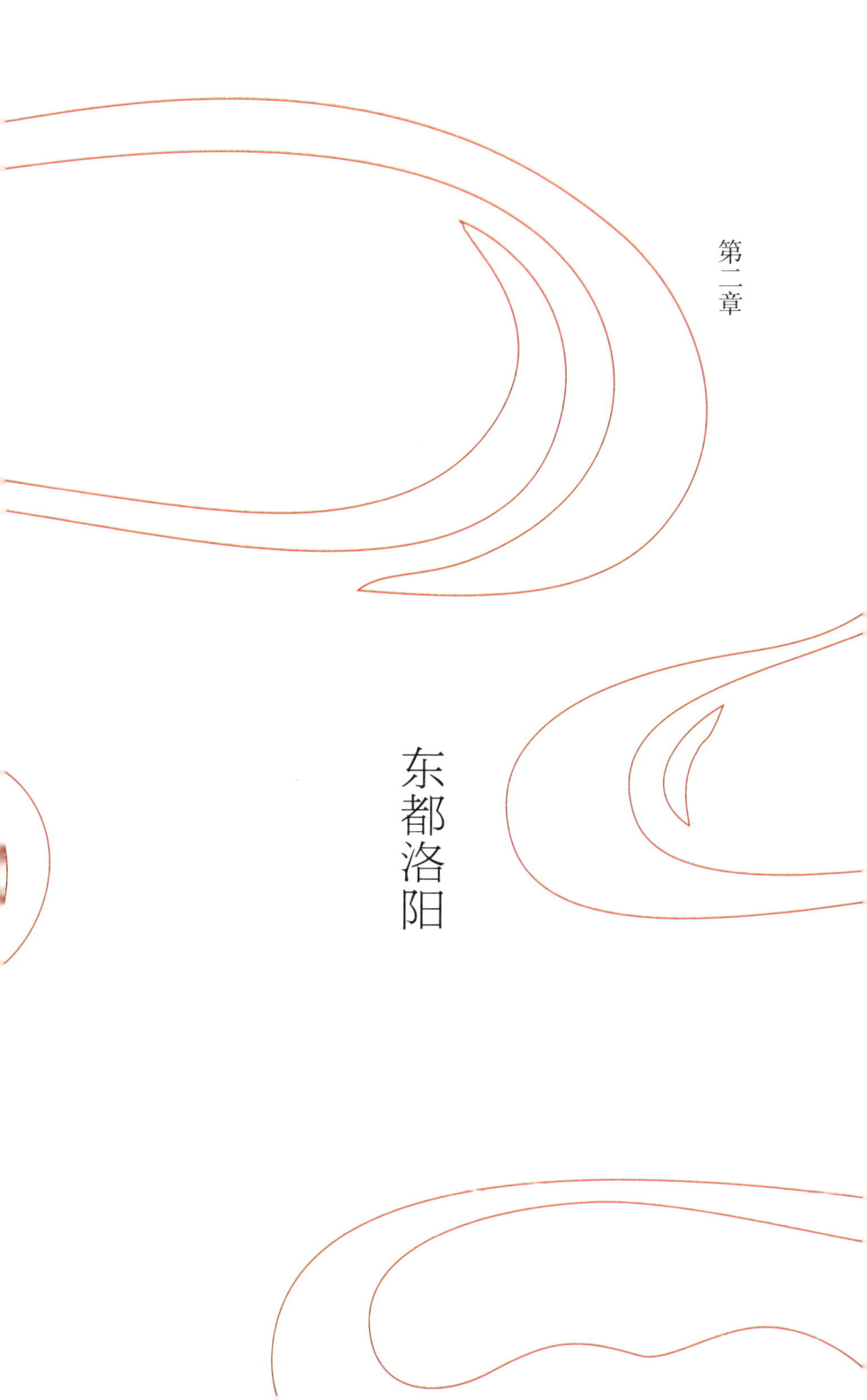

东都洛阳

第一节　洛水贯都建洛阳

唐代的东都遗址位于今河南省洛阳市近郊，由于其位于长安的东方，故洛阳被称为东都。

与西京长安城一样，东都洛阳城在中国都城建设史上也具有重要的地位。从城市的整体形态来看，东都洛阳不如西京长安那么严整。首先，它的宫城和皇城不像长安那样布设于城市最北部的中间位置，而是偏居城市西北部；其次，洛水横贯洛阳城，将洛阳城分为洛北、洛南两个区域。当然，与长安一样，洛阳城也是经过宇文恺精心规划和布局，棋盘状里坊整齐划一，拥有明确的南北中轴线。

一、八月建东都

东都洛阳建于隋炀帝大业元年（605），仅用8个月的时间就建成了。

据记载，公元604年，隋炀帝杨广在都城长安即位，当年年底，他就迫不及待地亲自来到洛阳，登上邙山，察看地形。洛阳盆地四周群山环抱，西连崤山，东傍嵩岳，南亘熊耳，北依邙山，伊洛二河蜿蜒流淌，先后汇入黄河。这里水陆交通便利，地势险要，正是所谓"河山拱戴，形势甲于天下"之地。隋炀帝勘察之后，认为洛阳盆地是"自古之都，王畿之内，天地之所合，阴阳之所合。控以三河，固以四塞，水陆通，贡赋等"，是帝王建都的理想之地。所谓"阴阳之所合"，是指这里洛水中流，北有邙山、南为伊阙、东流瀍水、西有涧河，山之阴阳、水之阴阳在这里融合为一城；所谓"控以三河，固以四塞"，是指这里有黄河、洛河、伊河和太行、崤函、熊耳、虎牢等津渡险关。

隋唐洛阳城所在的具体位置，西临周王城，东距汉魏故城18里，这一带地势平缓，北有黄河，洛水横贯洛阳城，瀍水、涧水汇于城间，这就是《唐六典》卷七记载的"南直伊阙之口，北倚邙山之塞，东出瀍水之东，西逾涧水之西，洛水贯都，有河汉之象焉"的具体解释。所以，隋唐洛阳城的城址在洛阳五座都城中，是选址最适中、位置最好、环境最美的，南北大运河开通之后，这里成为全国最大的水路交通中枢，是洛阳地区前后五座都城中交通最便利的城址。

《两京新记辑校》记载了隋炀帝和大臣苏威的对话。隋炀帝感叹说："这里是龙门之地啊，从古到今竟然没人在此建都！"苏威回答道："并不是古人不知道此地的好处，只不过他们不敢在这里建都，要等陛下来开创这个不世伟业。"

公元605年3月，隋炀帝正式命令尚书令杨素担任营建东都大监，纳言杨达、将作大匠宇文恺为副监，开始大兴土木营建东都。

实际上，洛阳城是宇文恺规划设计的第二座城市，当然第一座就是他为隋文帝杨坚规划设计的大兴城（西京长安）。

宇文恺是隋代有名的城市规划、建筑设计大师。他是鲜卑人，出生于汉长安城（今西安市未央区），生于西魏恭帝二年（555），卒于隋炀帝大业八年（612）。宇文恺是个建筑奇才，他20多岁就在建筑规划方面崭露头角，被任命为上开府、工部匠师中大夫，主管北周政权重大建筑工程营造。隋文帝也多次派他监造大型工程，历任营建宗庙副监、营建新都副监、检校将作大匠、仁寿宫监、将作少监、营造东都副监、将作大匠、工部尚书等职，成为隋朝负责营建的主要官员。宇文恺建造了可容纳几千人的"大帐"和别具一格的活动大殿——观风行殿，殿下装有轮轴，可以快速移动，也可以迅速拆卸和拼合，殿上可以容纳侍卫数百人。宇文恺曾建议按照周制建筑明堂，他详细考证了明堂制度，并用木料制作了明堂的模型。可惜，由于宇文恺病故，明堂并未修建。但宇文恺的考证为武则天建明堂打下了基础。在宇文恺规划、设计和督造的工程中，以西京大兴和东都洛阳的营建最有影响，其规划观念和建筑规模不仅令后代学者为之倾倒，为后代王朝所仿效，而且被邻近国家所模仿、学习。宇文恺著有《东都图记》《明堂图议》等著作，可惜除《明堂议表》见于本传外，其他均已失传。

因为有长安城的规划、设计、施工的经验，洛阳的规划和设计更加成熟完善，修建工程也更加快捷。

隋炀帝对东都洛阳的规划设计也提出了基本原则，他说："宫室之制，本以便生……高台广厦，岂曰适形。"意思是修建东都既要遵从前代的典章制度，又不必过于拘泥，食古不化，在实际操作中可根据具体要求和洛阳的地形物貌便宜行事。

宇文恺规划东都和西京一样，并未利用原来的旧有城池，而是避开旧城建新城，在新的区域大胆规划，画出最美的蓝图。

从隋唐洛阳城的山水环境来看，从北至南呈现出"水—山—城—水—山"的自然格局。宇文恺根据洛阳城区西北高东南低的地势和伊阙的位置，一改西京城市建设南北中轴线居中的惯例，将中轴线移至洛阳城偏西的地方，轴线北起邙山，穿过洛阳城中高大奇伟的建筑，包括西北角宫城里的天堂（唐建）、通天宫（唐建）、则天门（唐改称应天门），皇城的端门、天枢、天津街（又称天街、定鼎门街）、建国门（唐称定鼎门），一直向南延伸至龙门双阙。站在北邙南望,视线可以直达伊阙,充分显示了皇家道统的一以贯之,令人肃然起敬。从建筑物的命名也可以看出,隋唐洛阳城处处体现"天"的强烈意识。

在东西方向,宇文恺突出了"洛水贯都"的观念。这一"贯都"思维突破了洛阳以前的几座都城的规划风格。洛阳周围的五座古都,最早的夏都斟鄩在洛水以北,商都西亳在洛水之南,周代的王城也在洛水以南,汉魏洛阳城更是在洛水之阳。只有隋唐东都洛阳,跨洛水南北两岸,这也是水之阴阳的融合,又具有"河汉之象"即天上银河的意象。同时,洛水横贯洛阳城,有效地保障了城市的供水、排水、漕运、商业等活动,洛水这样的大水体对于城市游赏文化和环境美化也极其有利。

从"天人合一"的角度来看,"洛水贯都"既然被看作是天际的银河,那么整齐的里坊自然就是银河两岸的繁星。官署所在的皇城从东、南、西三面拱卫皇帝所居的宫城,其目的当然就是"以象北辰藩卫",皇城是北斗星,宫城就是居于天之中央的北极星,因此,宫城也被称为"紫微城"。

具体来说，西北部是洛阳城地势最高的位置，为了占据这个制高点，宇文恺在这里布设了宫城和皇城，并形成夹城。宫城和皇城又都内外砌砖，戒备更为坚固严密。洛阳的宫城、皇城布设于都城的西北隅，而长安的宫城和皇城位于城北的中部。这种有意与西京相区别的规划，明确表示洛阳的政治地位要低于长安。与长安一样，洛阳也实行了科学的分区设计，皇帝居住的宫殿、百官办公的衙署、百姓生活的里坊、百业所安的市场等，各有不同的区域，改变了以前"人家在宫阙之间"的混杂居住状况。

经过8个月的营建，东都洛阳于公元606年正月正式建成。一座规模宏大的陪都，仅用8个月时间就建成了，可见其速度之快。建成之后，又采集海内奇禽异兽、草木之类，来充实洛阳皇家苑囿，同时，迁徙天下富商大贾数万家到东都洛阳。正在江南巡游的隋炀帝听到东都建成的消息，即刻从江都出发，四月就到达洛阳。隋炀帝率百官自龙门"陈法驾，备千乘万骑，入于东京"。

二、定鼎洛阳门

根据中国科学院考古研究所的勘测，可以得知唐代洛阳城的轮廓：隋唐洛阳城的东北角在唐寺门，东南角在城角村，西北角在苗沟东南，西南角在古城村西。洛阳外郭城（亦称罗城）的东墙长达7312米；南墙最长，为7290米；西墙长约6776米；北墙最短，为6138米，合计周长27516米，面积约47平方千米。与西京长安的84平方千

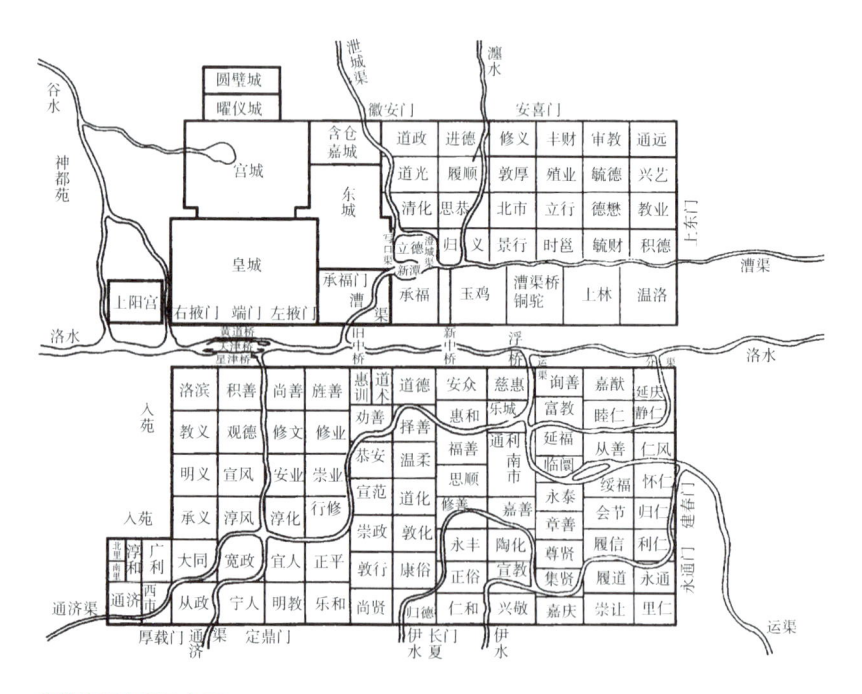

唐代洛阳布局示意图

米相比，唐代洛阳的规模小了很多。洛阳城的形状也不如同时期的长安城规整，它的平面为南宽北窄的形状，与文献所记"南广北狭"的说法相吻合。整座洛阳城包括外郭城、宫城、皇城及东城、含嘉仓城等附属小城。

洛阳城郭城的城门已经基本探明，西墙没有城门，东、南、北三面共有8座城门，其中，南墙上有3座城门，自西向东为厚载门、定鼎门、长夏门；东城墙上有3座城门，自南而北为永通门、建春门（隋代称上春门）、上东门；北城墙上有2座城门，由东向西为安喜门（隋代称喜宁门）、徽安门。各城门的位置互不对称，这一点与西京长安略有不同。长安的城门，东、西对称而南、北不对称。

厚载门，隋代称白虎门。到了唐代，因为唐高祖李渊的爷爷名叫李虎，为避讳，白虎门改名为厚载门，可能取"厚德载物"之意吧。史书对厚载门的记载不多。

定鼎门，隋代称建国门。这座城门虽然没有位于洛阳城南墙中间位置，但由于洛阳的宫城和皇城偏于西北，所以，定鼎门是隋唐洛阳城南墙上的正南门，位于洛阳中轴线的最南端。据史料记载，隋炀帝应该是第一个经过定鼎门的帝王。考古工作者在1997年和2007年对定鼎门遗址进行了两次发掘，发现定鼎门的门址由墩台、门道、隔墙、飞廊、阙台、马道、涵道等组成。与长安正南门明德门一门五洞不同，洛阳城定鼎门遗址仅有三个门洞：东门洞为入口；西门洞为出口；中门洞为御道，只有皇帝可以由此出入。三个门洞均宽5.8米，南北进深21.04米。在门址外侧的南北向道路晚唐时期的路面上，考古专家清理出密密匝匝的车辙痕迹、人的脚印以及动物的蹄印痕迹等，其中动物的蹄印痕迹主要是骆驼蹄印，这反映了隋唐时期洛阳城与西域地区商贸往来的繁荣景象。出定鼎门有通往西域、中亚和欧洲的郁山南道、郁山北道、黄河北道、漕运通道以及官方驿道等交通要道。因为定鼎门的重要作用，隋代管理东西方贸易和少数民族事务的四方馆就设在定鼎门外。

北宋著名史学家司马光走过定鼎门的时候，留下了一句千古感叹："若问古今兴衰事，请君只看洛阳城。"

长夏门是洛阳南墙东边第一门。白居易曾经闲游到长夏门:"洛阳堰上新晴日,长夏门前欲暮春。遇酒即沽逢树歇,七年此地作闲人。"全诗说的是在刚刚晴起来的日子里,诗人在洛阳堰上闲游,走到长夏门前,看见一片暮春的景象。只要有卖酒的地方就一定要买,一边喝酒一边在路边的树下歇息。七年时间了,诗人困在这个地方做个闲人。

永通门是隋唐洛阳东墙南数第一门。白居易有诗:"雪消洛阳堰,春入永通门。"

建春门是隋唐洛阳东墙中间的门,隋代称上春门。建春门附近住过许多名人。建春门北侧仁风里住过魏元忠。魏元忠历仕高宗、武后、中宗三朝,其间两次出任宰相。他秉性坚忍,不屈不挠,在武周时期,敢于直面周兴、来俊臣等酷吏以及张宗昌、张易之兄弟,因此,数次被贬流放。杜甫也曾住过仁风里。杜甫出生于巩县南瑶湾村,由于母亲去世很早,他6岁以前被寄养在东都建春门内仁风里的二姑家,在这里杜甫度过了快乐的童年。唐穆宗、唐文宗时的宰相牛僧孺宅第在建春门内南侧归仁里,白居易、刘禹锡等诗人常到牛宅游玩。

盛唐时期城门样式图

　　上东门是隋唐洛阳东墙南数第三门,即东墙最北面的城门。上东门内南侧为积德坊,隋代这一坊之地全是权臣杨素宅第,极其豪华,其中有一座沉香堂。唐高宗咸亨元年(670),武皇后生母太原王妃杨氏奄归冥路,皇后舍杨氏教义坊宅第为太原寺,为母祈福。但是,因教义坊位于皇城正南,隔洛河就是上阳宫,武后在上阳宫看到太原寺就思念母亲,凄然不乐。于是,大约在永隆元年(680)以后,太原寺被迁移到上东门内南侧的积德坊。天授二年(691),武则天称帝,太原寺改名大福先寺。

　　安喜门,隋唐洛阳北墙东门,隋代称喜宁门。安喜门外是邙山,是隋唐洛阳人送丧之地。开门见邙山,自古祈安宁。张籍《北邙行》有"洛阳北门北邙道,丧车辚辚入秋草"，写的就是出安喜门送葬的感受。

徽安门，隋唐洛阳北墙西门。徽安门内西侧是隋唐大型国家粮仓——含嘉仓。含嘉仓位于隋唐洛阳宫城东北，北倚外郭城的北垣，南接东城，西临圆璧城和曜仪城，东临徽安门内大街。含嘉仓的整体布局略呈长方形，东西宽600多米，南北长700多米，四周有夯筑围墙。史书记载唐玄宗天宝八载（749），含嘉仓的储粮总量583万石，约合25000万升，几乎是当时全国仓粮的一半。可见，含嘉仓的仓储量是很惊人的。

三、紧凑郭城区

隋唐洛阳城的郭城，平面形状略呈方形，南宽北窄，四面皆有夯土筑成的城垣。洛阳全城除了街道之外，还有103个里坊、3个市场、一些宗教场所及少部分行政机构等。位于郭城中部的洛水从西向东流过，将全城分为洛北、洛南两区。由于整座郭城面积、街道宽度、里坊面积等都小于长安，城内各部分的关系反而显得紧凑有致。

现在，让我们从高大宏伟的城门楼下悄无声息地进入洛阳，走在宽阔的街道上。

（一）街道

洛阳街道纵横相交，呈棋盘式布局。由于城门位置不相对称，所以，洛阳的街道也是不对称的，有丁字街，但还算是规整的方格网。洛阳的外郭城区纵横各有10条街，各城门都有大街相通。街道的宽度与长安相比略窄，主干道天街宽120米左右，主要街道长夏门街、上东门街和建春门街宽约90米，通往其他城门的街道和顺城街一般宽40~60米，里坊间的小街宽30米以下。据唐代韦述的《两京新记》描述，洛阳街道两侧，隋时种樱桃、石榴、榆、柳等树种；到唐代，行道树的种类更多，杂以槐树。我们可以想见隋唐时期东都洛阳街道两旁绿树成荫的景象。

洛阳城的主干道是天街，也称天门街、天津街或定鼎门大街，它是洛阳中轴线的一部分。天街南起定鼎门，北至皇城正南门端门，全长约4200米，这条街宽120米，最宽处达到140余米，较之西京长安的中轴线明德门大街稍窄，但是，天街也算是一个大型广场了。天街中间为御道，两侧为辅道，辅道旁边有水渠。天街景色很美，《大业杂记》记载："开大道，对端门，名端门街，一名天津街。阔一百步。道傍植樱桃、石榴两行。自端门至建国门（定鼎门），南北九里，四望成行。人由其下，中为御道。通泉流渠，映带其间。"裴夷直《和周侍御洛城雪》也描述了天街的雪景："天街飞辔踏琼英，四顾全疑在玉京。一种相如抽秘思，兔园那比凤凰城。"在天街上飞马踏雪而来，四处环望，一片洁白，仿佛置身于玉石之城，由此可见天街的气势之宏伟。还有和凝《宫词百首》的"天街香满瑞云生，红伞凝空景日明"也是描写天街的景色。

据《隋书·音乐志》记载，大业年间，每到正月，万国四夷来朝。隋炀帝为了显示隋王朝的实力，便把洛阳城天街的街道作为戏场，命令文武百官在街旁搭起棚帐来看戏。参加表演的歌女有时多达3万人，穿着华丽繁复，自昏达旦，热闹异常。大业六年（610）正月十五日夜，隋唐洛阳城天街盛陈百戏，海内奇伎尽集洛阳，戏场声音之大闻于数十里外，百戏之盛，实称空前。"于端门街盛陈百戏，戏场周围五千步，执丝竹者万八千人，声闻数十里。自昏达旦，灯火光烛天地；终月而罢，所费巨万。"隋代人文豪薛道衡的《和许给事善心戏场转韵诗》就描述了这个月圆之夜隋唐洛阳城天街的各色人等观看百戏的场景。

（二）桥

由于洛水贯都，穿城而过，将洛阳城分成南北两区，洛水上筑有至少六座桥梁，联系天街南北的就有天津三桥：黄道桥、天津桥和重津桥。

唐代杜宝《大业杂记》载：出端门（皇城南门）约150米，有一条黄道渠，渠宽约30米，上有黄道桥。黄道渠南约300米处是洛水主水道，洛水上建有天津桥，跨水长约190余米，桥的南面和北面建有四座重楼，均高约150米。洛水以南，又疏通洛水开了一条重津渠，渠宽大约60米，上面有重津桥。这几座桥在隋代都是浮桥，其中天津桥规模最大。《元和郡县图志》记载："隋炀帝大业元年初造此桥，以架洛水。用大缆维舟，皆以铁锁钩连之。南北夹路，对起四楼，其楼为日月表胜之象。"可见，隋代洛阳城的天津桥是用粗大的铁锁链串联大船而建成，其他船只通过河面时，铁锁链随时可以打开。隋代末年，李密率领瓦岗军攻打洛阳城，王世充迎战，双方就是在天津桥边大战三场，据记载，守桥将士的鲜血染红了洛水。最后，李密一把火烧毁了天津桥。由于这是大船串联而成的浮桥，没有基础固定，桥的耐用性也不强，经常会出现桥被洪水冲坏的情况。所以，唐太宗贞观十四年（640），在这几座桥的原址改建石桥，增强了稳定性。武则天当政时，命令韦弘机重新修建天津石桥，桥基为龟背形，以减轻流水冲击。2000年，考古工作者对天津桥遗址进行了发掘，共清理出桥墩4个，间距都在15米左右，其中2号桥墩保存得最好，残长约20米，宽2米，高1米，用青石垒砌，青石间以铁腰相连。

天津桥位置极其特别，既是南北向中轴线天街的一部分，又凌驾于东西向水路的洛河之上，因此，这里车水马龙，人流量极大，同时，占卜算命的、游玩观光的、卖艺乞讨的都聚集在这里，热闹非凡。唐代段成式《酉阳杂俎》记载，唐玄宗天宝末年，有个术士叫钱知微，"尝至洛，遂榜天津桥表柱卖卜"，就是在天津桥上占卜算命；唐代宗大历年间（766—779），有个要饭的小乞儿常在天津桥上卖艺乞讨，他没有双手，就用右脚夹着笔来书写经文。这个小乞儿每次准备写经的时候，都先要把笔向上扔几次，扔一尺多高，然后再用脚接住。他书写的楷书非常工整，一般人即使用手写也不如他。北宋僧人道原有《景德传灯录》，叙述唐代宗时期一个与佛教有关的故事，其中有"天津桥上看弄猢狲"的说法，由此可以看出，隋唐洛阳城天津桥是杂耍卖艺、马戏之类的表演场所。

天津桥是政府宣传政策、处理重大政务的地方。唐高宗调露年间（679—680），武皇后利用术士明崇俨被杀的事件，牵连太子李贤，命人搜查东宫，在马厩内发现了几百件铠甲，作为太子谋反的证据。最后，李贤被废为庶人，铠甲也在天津桥被当众烧毁。天册万岁元年（695）正月，薛怀义为讨好武则天，用牛血画了一幅巨型佛像，对外声称是刺破自己膝盖取血所画的，武则天下令把这幅佛像置于天津桥南展览，以宣传她的宗教思想。唐中宗神龙元年（705）正月，在武则天病重之时，太子李显、宰相张柬之等人发动"神龙革命"，带领羽林军，逼迫武则天让位，逮捕麟台监张易之、司仆卿张昌宗，以谋反的罪名将二张在天津桥南枭首示众。唐中宗重登帝位后，对张柬之等人先提拔后打压。据《旧唐书》记载："武三思又阴令人疏皇后秽行，榜于天津桥，请加废黜。中宗闻之怒，命御史大夫李承嘉推求其人。"李承嘉秉承武三思的意旨，大肆推求，最后上报唐中宗：在天津桥上诬陷韦皇后的行为是张柬之、敬晖、桓彦范、袁恕己、崔玄暐等五人暗中指使的，并且奏请中宗：这五人表面上请求废黜皇后，实则想剪除皇帝羽翼，阴谋篡逆。因此，"神龙革命"的功臣都被剥夺了权力，流放外地。在这些政务活动中，天津桥起了极大的作用，成为政府宣传政令、政客攻击政敌的理想场所。

"天津晓月"是洛阳八景之一。据说，隋炀帝经常在清晨独步天津桥头，此时洛阳城中寂无人声，春燕还未呢喃。举目西望，一弯残月还镶嵌碧空；回眸东顾，一轮旭日正冉冉升起。临桥俯视，四周碧水中，轻微的蓝月和微红的日光交相辉映，美不胜收。因此，隋炀帝写下《东宫春》：

洛阳城边朝日晖，天渊池前春燕归。
含露桃花开未飞，临风杨柳自依依。
小苑花红洛水绿，清歌宛转繁弦促。

长袖逶迤动珠玉,千年万岁阳春曲。

白居易的《晓上天津桥闲望偶逢卢郎中张员外携酒同倾》也是写天津晓月景色的诗:"上阳宫里晓钟后,天津桥头残月前。空阔境疑非下界,飘摇身似在寥天。星河隐映初生日,楼阁葱茏半出烟。此处相逢倾一盏,始知地上有神仙。"晓月朦胧,清空缥缈,天津晓月的景色真的是恍若仙境哟!

据说当年黄巢在起义失败后落发为僧,仍念念不忘洛阳,又潜回天津桥上,徘徊不已:"记得当年草上飞,铁衣著尽著僧衣。天津桥上无人识,独倚栏干看落晖。"

(三)天枢

天枢,即"天之中枢",位于皇城正南门——端门外、天津桥头以北,是隋唐洛阳城轴线建筑群上的重要地标。有人认为,天枢是武则天别出心裁建立的奇伟壮观的纪念塔。在秉承天人合一设计理念的东都洛阳城,天枢对应的是天空中的"天枢星"。

天枢建于武则天天册万岁元年(695),用了10个月时间,用料50万斤铜、330万斤铁,铸建费用高达2.7000

贯钱。当然，这笔钱并不是武则天政府出资，而是由在洛阳的番客胡商集资。据说，为了修建这座万国天枢，武则天几乎买光了市面上的铜铁，甚至于用上了民间的铜铁制农具来补充用料。

天枢的底座为铁铸的周长50米的方形台基，主体是八棱金属建筑体，高约33米，直径约3.6米。八棱立柱体上缠绕着铜制的蟠龙和麒麟等瑞兽，威严壮观，柱体上部是腾云样式，托起一个直径近9米的铜盘，盘中有四个高3米的龙形人像站立，捧着一颗火珠。天枢具有很强的象征意义：天枢用铜铁铸成，象征万年长存；最下面以铁山为基，象征皇图基业永固；主体柱是八面体，象征皇家光辉照应八方；柱体上有承露盘，象征天降甘露于万民；承露盘顶为龙捧火珠，象征光照天下；天枢立于皇城之前，象征皇权至高无上，洛阳为权枢之所在。

天枢上刻有百官及四夷酋长名字，武则天亲笔御书其名："大周万国颂德天枢"，可见，铸建天枢是为了铭刻功德。

铸造天枢的工程非常浩大，集唐代建筑设计和工艺制作之大成，为世所罕有。因此，天枢落成之后，武则天特邀四夷酋长和各国使节设宴庆贺，在会上，群臣以天枢为题作诗，其中，中书令李峤的《奉和天枢成宴夷夏群僚应制》冠绝当时：

辙迹光西崦，勋庸纪北燕。

何如万方会，颂德九门前。

灼灼临黄道，迢迢入紫烟。

仙盘正下露，高柱欲承天。

山类丛云起，珠疑大火悬。

声流尘作劫，业固海成田。

帝泽倾尧酒，宸歌掩舜弦。

欣逢下生日，还睹上皇年。

唐玄宗开元二年（714）下诏销毁万国天枢，据史书记载："熔其铜铁，历月不尽"，调来工匠熔化了一个多月，可见天枢体量之浩大。

（四）里坊

东都洛阳城里坊的数量比西京长安要少，洛阳城内共有103坊。洛阳大部分里坊的形状是正方形或长方形，与长安里坊相同，但是，面积略小于西京长安的一般里坊，洛阳里坊的面积大约为0.5平方千米。从排列来看，洛阳里坊也不如长安那样排列整齐。

洛阳里坊的数量有不同记载。《隋书·地理志》记载："里一百三，市三。"《唐六典》《旧唐书·地理志》也都记载有103坊。《大业杂记》则记载："洛南有九十六坊，洛北有三十坊，大街小陌，纵横相对。"按《大业杂记》的说法，洛阳诸坊总数为126坊。《唐两京城坊考》记载更是自相抵牾，有110坊、111坊与113坊之说；近代学者的论著也有109坊、超过113坊、至少应在128坊以上等说法。

一般认为，隋代及唐初洛阳城北区有28坊，城南有81坊，共计109坊。唐代贞观之后，东都的里坊变动就比较大了。因市场兴废引起的变化就有三次：第一次是唐太宗贞观九年（635）于南市之地增设了永泰、临德二坊，南市的面积由贞观九年前的四坊缩至一坊半；第二次是唐初在洛北临德里设置北市，废弃隋代的通远市，设置铜驼坊；第三次是唐高宗显庆年间（656—660），因为隋代的大同市在隋末战乱中已废弃，将之改设为民坊。中晚唐以后，洛阳里坊的数量也在不断变化，由于洛河泛滥并北移，有些坊也在不断地分、合、移、迁，洛阳西南角的四座坊也或设或并。到五代宋初时，洛阳形成了120坊的规模。

坊里的居民分布并不一样。一般来说，洛水两岸的坊居民较少，因为洛河水涨，发水灾时，洛水两岸的坊会首当其冲，深受水害。洛阳城东南角及长夏门、定鼎门等郭城南边和郭城东边一些坊，远离城市中心，也不受居民喜欢，但由于东城是洛阳城风景最美的地方，洛阳城东南角成了部分仕途失意官员和文人学者的理想居所，白居易、刘禹锡、牛僧孺等人都住在这里，诗文唱和。由于天街正对皇城的南门——端门，所以，天街两侧里坊多为皇族、贵戚、高官居住。

天街东最南面的坊叫作明教坊，南靠郭城南城墙，西临天街，北为宜人坊，东为乐和坊，现存北坊墙的西段240米和西坊墙的北段114米，残宽1.4~2米。从现存坊墙可以看出，唐代洛阳坊墙是夯筑土墙。每面坊墙的中部都开有一座坊门，由坊门向内延伸有东西向和南北向道路各一条，在坊中心相交。经测量，东西街长500米、宽14米，南北街长530米、宽14米。根据文献及墓志记载梳理，发现坊内有一座龙兴观，唐尚书右丞宋璟、国子司业崔融、河南府士曹参军崔同等官员曾在此居住。

天街东从北向南数第三坊名宣风坊，这里曾经是武则天宠臣宗楚客的住宅。据记载，他的住宅建筑奢华至极："文柏为梁，沉香和红粉以泥壁，开门则香气蓬勃。磨文石为阶砌及地。"

洛水南从西数第四坊旌善坊有贞观名臣温彦博住宅。岑文本《唐故特进尚书右仆射上柱国虞恭公温公碑》记载，温彦博在贞观十一年（637）六月四日，薨于洛阳旌善坊住宅。由于温彦博廉洁自律，他的住宅特别简陋，甚至没有正堂，去世之后，只能"殡于别室"。于是，唐太宗特意命人为温宅建造正堂。

（五）市场

隋代及唐初，洛阳城内有三市，较西京长安多一座市场，而且它们的位置也不像长安那样对称。

这三市名叫丰都市、通远市和大同市，通称为南市

（亦称东市）、北市、西市。洛阳三市都布设在可以行船的河渠旁边。通远市南面就是洛河，北面开凿有漕渠；丰都市通运渠；大同市旁边有通济渠和通津渠。可以推知，洛阳市场的布设，比西京长安更多地考虑到交通运输的方便与否。

洛阳三市中，丰都市是规模最大的市场，在洛河南偏东。据《大业杂记》载："丰都市周八里，通门十二，其内一百二十行，三千余肆，榆柳交阴，通渠相注，市四壁四百余店，重楼延阁，五相临映，招致商旅，珍奇山积。"丰都市在洛河南岸，占有两个坊的面积，内有112行3000多个肆，规模确实宏伟。据史籍记载，隋炀帝时期，为了炫耀大国的富庶，在外国人到丰都市交易的时候，隋炀帝就命令整饬店肆，务求"檐宇如一，盛设帷帐，珍货充积，人物华盛"，甚至规定卖菜的人都必须坐在龙须席上，酒食店的店家更要热情延请胡人，务必让这些人"醉饱而散"，且不收分文，而且有规定的宣传语："中国丰饶，酒食例不取直（值）。"丰都市附近有波斯胡寺和祆祠，可见外国商人多在这一带。通远市在洛河北岸东北里坊区的中央,大同市在城西南角,这两市均占据一坊之地。

除了集中的市场以外,在洛河沿岸的一些坊中也设置商业区,这些都是洛阳城市规划上的显著进步。

洛阳的市场有其兴废过程。唐代初年,通远市被废弃,政府在洛北临德里设置了北市;唐太宗贞观九年(635),丰都市的面积被缩小到原来的1/2,增设了永泰、临德二坊;唐高宗显庆年间(656—660)废弃大同市。武则天天授二年(691)在固本坊设立西市,到唐玄宗开元十二年(724),这座西市被废弃。

四、大量佛寺院

与西京长安相比,由于武则天时期崇佛抑道,东都洛阳城的佛寺比道观要多一些。据研究,洛水以北的里坊区在隋代有元寿寺,到盛唐佛寺数量剧增,有福先寺、大云寺、华严寺、太平寺、天女尼寺、昭成寺、卫国寺、麟趾尼寺等;洛水以南的里坊区也是宗教活动的主要区域,包括佛寺、道观、祆祠、庙宇等,较多的时候,有12座寺院集中分布在定鼎门街及建春门街两侧里坊内。

天宫寺是唐高祖当皇帝前在洛阳的旧宅，唐太宗贞观六年（632）舍宅为寺。因为是李渊旧宅，被视为皇家寺院。贞观十二年，唐太宗敕令法护为寺主，之后各佛教大德来寺居住讲经，于是天宫寺逐渐成为东都名刹。唐高宗龙朔元年（661）曾巡幸天宫寺。长寿二年（693），迦湿弥罗国三藏阿你真那（宝思惟）抵达洛阳，奉皇命入住天宫寺，随后在这里翻译了数部佛经。到武则天晚年，禅宗北宗的领袖神秀被从湖北迎请到洛阳，居住在天宫寺，弘扬北宗禅，直到唐中宗神龙二年（706）二月在寺中圆寂。开元年间唐玄宗巡幸洛阳，青龙寺道氤和尚跟随皇帝到东都，在天宫寺为玄宗皇帝讲解《佛说净业障经》。

福先寺是武则天为了给母亲太原王妃杨氏追冥福而建的。杨氏去世后，武皇后舍杨氏在教义坊的宅第为寺，名"太原寺"，后来，太原寺被迁移到上东门内南侧的积德坊。天授二年（691），武则天称帝，太原寺改名大福先寺。福先寺的地位十分重要，武则天曾亲自为福先寺撰写过浮图碑文《大福先寺浮图碑》，这表明了武则天对这座寺庙的重视，同时也记载了寺庙的规模和有关建筑情况。

大福先寺有一座楼阁式塔，高16丈，寺内建筑有1200多间房屋。唐代著名画家吴道子曾为福先寺作"地狱变相"壁画，中有病龙，尤其绝妙。天竺高僧菩提流志、宝思惟、地婆诃罗、善无畏，唐朝的高僧义净、志辩、道丕、法藏等人，都先后在福先寺翻译佛经或弘扬密宗、阐发律学等。唐玄宗开元二十一年（733），日本僧人荣睿、普照跟随日本第九遣唐使团来华，他们奉唐玄宗敕令，住在福先寺，随福先寺住持僧定宾大师受戒学习。开元二十四年，福先寺的僧人道璇应邀东渡日本弘扬律学、华严学说、天台学说和北宗禅。道璇是中国佛教禅宗北宗鼻祖神秀的再传弟子，先鉴真6年而达日本，后来为日本禅宗的第二传人。

　　白马寺始建于汉明帝永平十一年（68），是佛教东来后在汉地建立的第一所佛寺。武则天垂拱元年（685）重建白马寺，薛怀义担任寺主监修。之后，僧人"数满千人"，规模相当大。白马寺重建后，在武则天的政治生活中充当了重要角色，帮助她实现了政治抱负，成为中国历史上唯一的女皇，也使得国家的宗教政策发生了根本性转变。载初元年（690），白马寺主薛怀义、魏国寺法明等9位洛阳僧人利用《大云经》"陈符命，言则天是弥勒下生，作阎浮提主，唐氏合微"，说武则天是净光天女，原本是男身。这就从根本上解决了武则天登基的困境。后来，薛怀义在洛阳皇宫督造明堂、天堂等大型工程，还被任命为大总管，带兵抵御突厥的进犯。白马寺风光无限。证圣元年（696），武则天杀掉薛怀义，"以辇车载尸送白马寺，其侍者僧徒皆流窜远恶处"。神龙元年（705），唐中宗在洛阳恢复皇位，下敕：道教经典《老子化胡经》是伪经，"仰所在官吏废此伪经，刻石于洛京白马寺"。白马寺的这通碑刻，是唐中宗时期国家宗教政策的实物标志，起到了号令天下的作用。神龙二年九月，唐中宗巡幸白马寺，在这里迎接了回乡探视后返回东都洛阳的大臣魏元忠。先天元年（712）秋，唐玄宗在长安即皇帝位，"东都白马寺铁像头无故自落于殿门外"。这一现象在当时被认为是唐玄宗称帝后要恢复"重道抑佛"宗教政策的征兆。安史之乱中，白马寺遭到破坏，从此一蹶不振。张继《宿白马寺》诗描绘了白马寺萧条破败的景象："白马驮经事已空，断碑残刹见遗踪。萧萧茅屋秋风起，一夜雨声羁思浓。"

五、盛景在西苑

隋唐时期，洛阳皇家园林、私家园林、佛寺园林、风景园林的发展，达到空前的规模和水平。由于洛水贯都，渠道密布，水流城中，城在水旁，导致城苑一体，满城皆园。

这一时期洛阳的园林除皇家园林追求吞吐山川、体象天地的宏大气魄外，还有1000多处私家园林，追求壶中天地，讲究咫尺重深、小中见大、朴素坦然。

东都洛阳的西苑，是皇家园林的代表之作。它始筑于大业元年（605）五月。西苑位于隋东都洛阳宫城以西，其北是著名的邙山。西苑周回一百二十里（有的记载是"周二百里"），苑中挖池为海，周回十余里，海内布设有蓬莱、方丈、瀛洲诸山，都出水面高百余尺，在这些山上建设台观殿阁，远远望去，如东海仙山。苑北开凿一渠名龙鳞渠，渠水萦纡注于海内。

沿着龙鳞渠道，建筑了16座宫殿，包括明彩院、丽景院等。每一院的殿门都正对渠水。每院置一名四品夫人管理，共有 16 位夫人主持管理 16 院。院内清流蜿蜒穿过，名花奇树遍植。其中，渠架飞桥，殿筑水中，幽窗曲室，壁砌生光，有的建筑壮丽，有的楼阁巧绝。每院还养鱼饲畜，种植蔬果。在这里，既可泛轻舟画舸听采菱之歌，又可升飞桥连廊奏游春之曲，寄情山水，乐归田园，完全展现了隋炀帝追求的江南情调与雅士情怀。

西苑内的堂殿楼观，穷极华丽，冬天树叶凋零了，一派萧索景象。隋炀帝就命人将绿绸剪成树叶状，缠绕在枝条上。时间长了，绿绸颜色染尘，隋炀帝就派人换成"新叶"。池沼内荷叶菱芡之类的水生植物，也用绸缎剪成。总之，西苑的景色要"常如阳春"。隋炀帝还派人"往江南诸州采大木，引至东都。所经州县，递送往返，首尾相属，不绝者千里"。因为苑内宫殿台阁建筑接连不断，园内遍布草木花果、奇珍异兽，所以这里是隋炀帝宴饮游乐之所，"每秋八月月明夜，帝引宫人三五十骑，开阊阖门入西苑，歌管达旦"。

第二节　洛阳明堂坐天子

隋唐洛阳城的宫殿主要有两组：一组是洛阳宫城（或称洛阳宫），洛阳宫遵循中国宫廷建筑的传统，前朝后寝，主体建筑沿中轴线自南向北延伸；另一组是上阳宫，上阳宫是园林式宫廷建筑，不讲究整齐对称。

一、明堂雍雍洛阳宫

隋末唐初，洛阳为王世充占据。李世民曾两次攻打洛阳。第一次在大业十四年（618），相国李渊派世子李建成、次子李世民率兵攻打洛阳。但是，李世民认为关中根本尚不稳固，即使打下洛阳，也不能牢牢掌握，因此，小胜即退。第二次攻打洛阳是在武德三年（620），唐高祖李渊派秦王李世民率兵东征。到第二年五月，王世充投降。李世民收复东都后，着手安定民情、维持秩序，收图籍、封府库、赈灾民、惩元凶，之后，李世民在洛阳留下部分军队，凯旋还朝。据记载，李世民收复洛阳后，感慨洛阳宫殿的穷奢极欲，认为隋炀帝奢靡过甚，导致国破身亡。

洛阳宫城位置图

因此,"凡隋氏宫室之宏侈者皆令毁之",毁掉了洛阳宫城。

此一时,彼一时。仅仅10年的时间,到贞观四年(630),唐太宗下诏全面修复洛阳宫,理由是"洛阳土中,朝贡道均,意欲便民"。工程耗时连年,"营造不已,公私劳费,殆不能堪"。修建工程持续到贞观十年,洛阳宫恢复,李世民又添加了飞山宫。唐太宗修建的洛阳宫殿豪华气派,不逊于隋代洛阳宫殿,所耗人力物力难以估算。从贞观十一年二月到次年三月,唐太宗君臣在洛阳宫停留一年多。此后,贞观十五年唐太宗逗留洛阳宫8个月,贞观十八年十一月至十九年二月,唐太宗停驻洛阳宫3个多月。

宫城位于洛阳的西北隅。平面近乎长方形,东西长,南北宽,面积较之西京长安的太极宫要小一些。与西京长安的太极宫分为中部(太极宫)、东部(东宫)、西部(掖庭宫)的布局一样,洛阳宫城也分成三部分。中部为大内，宽 1030 米，面积为 1.08 平方千米。宫城东部为东宫，西部为西隔城，均宽 340 米。

洛阳宫四周筑有内外砌砖的宫墙，宽度约为 15～16 米，夯土层厚 8～10 厘米。这样的宫墙不仅美观大方，而且坚固耐用。与长安太极宫不同的是，洛阳宫东西还建有夹城，分别宽 190 米和 180 米，设置夹城的目的是驻兵并加强防御。洛阳宫的防守极其严密，除了东西夹城之外，还有一些小城拱卫，其南有政府官员集中办公的皇城，其北筑有玄武、曜仪、圆璧三城，其东有含嘉仓城和东城，其西是皇家园林——西苑。

洛阳宫的范围，据考古勘察，城北墙从外郭城的西北角往南 584 米，再东折 180 米，就是宫城北墙的西端起点，往东经今孙家坑，全长 1400 米。西墙从北墙的西端起点开始，往南至今中州路北侧，全长 1977 米。南墙有两处曲折，从西墙南端开始，往东延伸经今定鼎南路、周公庙至予通街小学操场以东 30 米处，全长 2070 米。南墙从东西两端开始到各长 340 米的地段，都向北曲折了 57 米，形成东南与西南两角内凹的对称形状。东墙从北墙东端点开始，

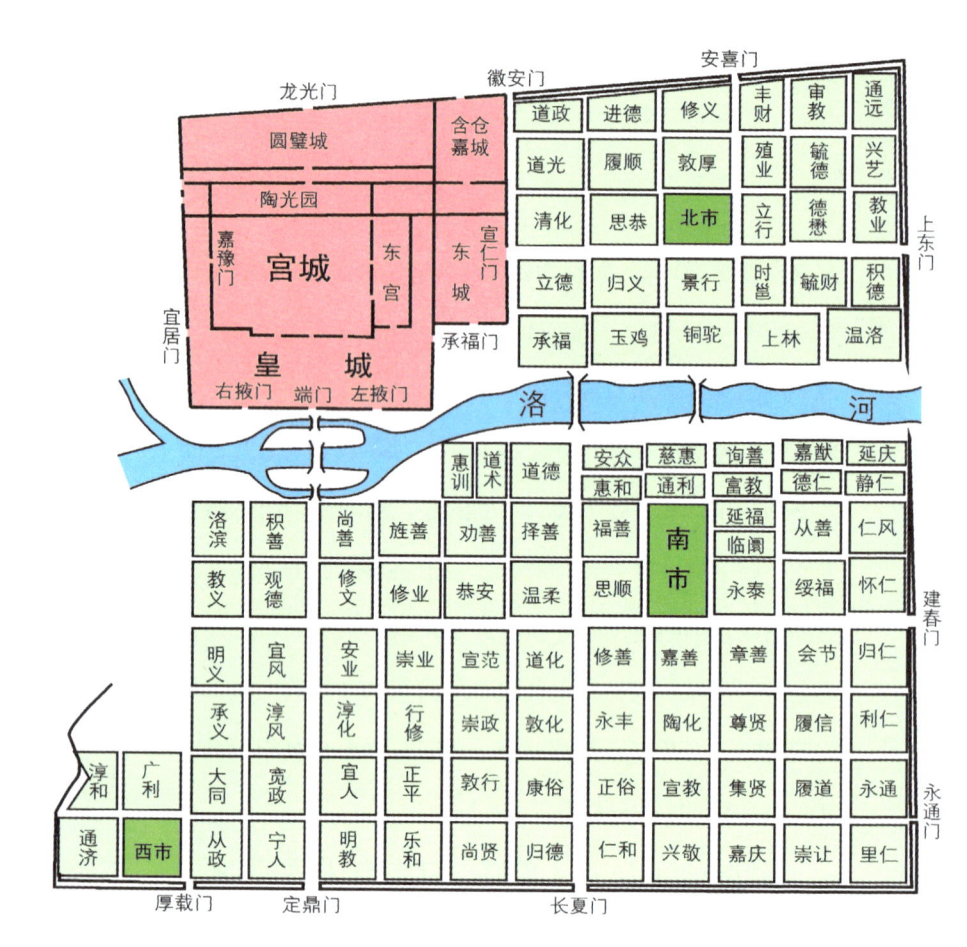

唐代洛阳宫城图

往南延伸275米后，向东曲折330米，到统角村东北角又拐向南，全长1275米。整个宫城呈倒"凸"形状。

从洛阳宫的宫墙、周围拱卫的小城等可以看出，由于宫城是洛阳城的政治中枢和核心空间，是皇帝办公、起居的场所，所以，洛阳宫城的防卫是极其森严的。

洛阳宫的中部大内区域与长安太极宫一样，也是前朝后寝格局。朝区最前为大内正门——则天门，上建高两层的门楼，门外左右建阙，形制与西京太极宫的承天门近似，但是规模超过了承天门。朝区的主殿为乾阳殿，是面阔13间、高约50米的巨大殿宇，四周有廊庑，四面开门，是全宫最大的宫院。乾阳殿东为文成殿，西为武安殿，文成、乾阳、武安三殿东西并列，各有门庑，形成了各自独立的宫院。在乾阳、文成、武安三殿之北是宫中第一横街，东西端分别通入东西隔城，这条街是前朝和后寝的分界线。后寝区的主殿名为贞观，是皇帝隔日见群臣听政之处。贞观殿左右各有若干殿与之并列，均为独立的宫院。贞观殿之北为宫中第二横街，第二横街以北就是后妃居住的寝宫，外臣不得进入。寝宫中轴线上主殿名徽猷殿，它的左右和后方又有若干殿庑。这些宫殿大都面南坐北，高低相间，次序井然，错落有致。

（一）应天门

唐代洛阳宫四面有十二个门。南面五门：中间是应天门,向东有明德门、宣政门,向西有长乐门、隆琼门(后避唐明皇讳改为崇庆门);北面二门:东为安宁门,西为玄武门;东面二门:北为重光北门,南为重光门;西面三门:北为豫嘉门,中为洛城西门(也称方渚门),南为洛城南门。

应天门是洛阳宫城的正南门,隋代刚建成时,称"则天门""紫微宫门"。隋末王世充时期,改称"顺天门"。李世民攻占洛阳后,因其太过奢华而焚之。唐高宗时对则天门进行了重修,改名为"应天门"。应天门在中晚唐之后,又称"五凤楼"。唐文宗大和六年(832),白居易登临应天门,作诗一首《五凤楼晚望》:"晴阳晚照湿烟销,五凤楼高天沉寥。野绿全经朝雨洗,林红半被暮云烧。龙门翠黛眉相对,伊水黄金线一条。自入秋来风景好,就中最好是今朝。"令狐楚在《皇城中花园讥刘白赏春不及》中也提到五凤楼:"五凤楼西花一园,低枝小树尽芳繁。洛阳才子何曾爱,下马贪趋广运门。"这些诗作都描写了应天门的高大雄伟及周围的翠树繁花。

应天门的建筑形制,据《大业杂记》记载:"则天门两重观，上曰紫微观，左右连阙，阙高百二十尺。"应天门是一组巨大的建筑群，整个平面呈"凹"字形，以一门三道过梁式建筑结构的城门楼为主体，两侧向外伸出阙楼，辅以垛楼，垛楼与阙楼以飞廊相连。应天门遗址现存东西两堵夯土门阙，通过考古勘探可以知道：应天门是由中部通道、门楼、两侧对称的垛楼、阙楼、廊庑等部分组成。通道在中间，宽83米，进深25米。通道两侧有向外凸出而对称的东西两阙，西阙夯土墙向南伸出45米。可见，应天门确实非常壮观。

与西京长安太极宫的承天门一样，应天门是座具有特殊意义的建筑，它是皇权的象征和标志。具体来说，改元、建国、献俘受降、接见外国使臣要人等重要政治活动都在应天门举行，这里是朝廷举行重大庆典和外交活动的重要场所。大业二年（606），隋炀帝就是登临应天门宣诏迁都洛阳的。唐高宗显庆五年（660），皇帝接受李世勣献百济俘，然后下诏释放全部战俘，表明对朝鲜战争的胜利。天授元年（690），武则天在这里称帝，大赦天下，改唐为周。武则天也曾在应天门观看波斯胡戏。开元二十一年

（733），唐玄宗在应天门城楼接见日本第八次遣唐使团。

（二）明堂

明堂位于隋唐洛阳城中轴线上。这个地址原来是隋代大业年间建成的洛阳宫正殿乾阳殿，到唐高祖武德四年（621），被李世民焚毁。唐太宗贞观四年（630），李世民又在原址重建乾阳殿。唐高宗显庆元年（656）重修这座宫殿，改称乾元殿。垂拱三年（687）春，武则天力排众议，坚决拆除乾元殿，在其址上开始修建明堂。

明堂是儒家的重要礼制建筑，是帝王们宣扬政教的场所，一些大型典礼包括祭祀、朝会、庆赏、选士等都要在明堂举行。因此，明堂的修建是非常重要的事情，明堂的规制形状也一再被讨论。唐代东都洛阳明堂的建造经过，《旧唐书·礼仪志》有详细记载。在隋文帝开皇年间（581—600），就有在长安兴建明堂的想法，当时的将作大匠宇文恺研究了明堂的资料，精心制作出明堂的模型。但是，由于"诸儒争论不定"，建明堂一事不了了之。到隋炀帝时（605—617），宇文恺再次呈献明堂模型，并建议在洛阳兴建，结果又没建成。唐太宗也有建造明堂的设想，他命令儒官对明堂的形制包括名称、结构、功能等进行过多次讨论。一批著名大臣和儒士，检校群书，翻阅经史，引经据典，各抒己见，并绘成图纸呈献给皇帝，但是，由于有关明堂的文献资料记载较少，群臣见解不同，分歧很大。终太宗一朝，明堂也未建造。到唐高宗时期，继承太宗遗愿，继续听取各家之言，前后三次下诏要建造明堂，最后仍然是由于"群议未决"，未能创立。可以看出，从隋文帝、隋炀帝，到唐太宗、唐高宗，四位皇帝都有兴建明堂的设想，群臣诸儒也对这件事情非常积极，但是，每一次都是因为群臣分歧太大，无法抉择而延误。

唐高宗去世，武则天当上女皇，"儒者屡上言请创明堂"，但仍争执不休。于是，武则天"不听群言"，力排众议，迅速定下明堂的规制形状，并下诏白马寺住持薛怀义进宫主持修建工程。垂拱四年（688）正月，明堂正式建成。

明堂，又称万象神宫，是一座高大的木结构建筑，方300尺（合今88米），高290多尺（合今86米），共三层。在整个建筑中心，由一根十围的巨大木柱作为主要的

洛阳明堂想象复原图（贺业钜《中国古代城市规划图》）

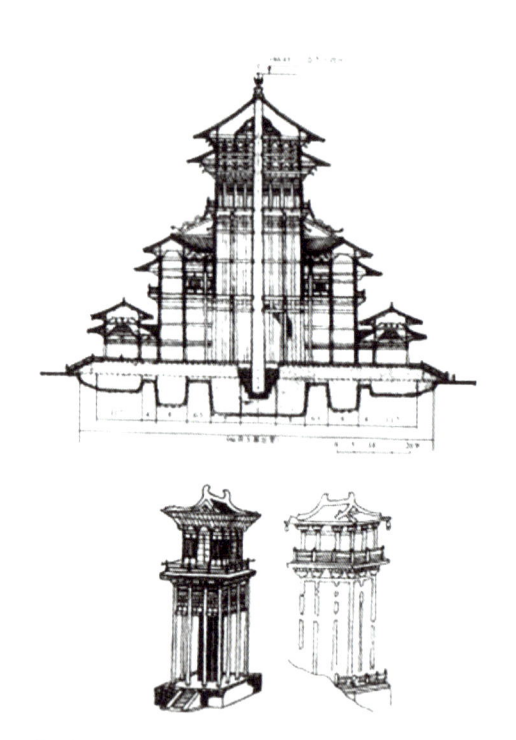

洛阳宫武则天明堂图（贺业钜《中国古代城市规划图》）

承重构件，从木柱上架设出承托每层栋梁的斗拱，再用铁索贯穿其间，因此，整座建筑牢固异常。明堂每层的形状并不一样，下层是平面正方形，中层是十二边形，上层是二十四边形，中、上层均为圆顶。中层的圆盖上雕饰着九条龙，上层顶上矗立着一只高约一丈（合今 2.94 米）的铁铸凤凰。在明堂的底部用铁筑成环水渠，水渠上四面设桥与明堂相连。在明堂的北面，武则天造了一座天堂。天堂比明堂高得多，共有五层，每层的层高也比明堂大，因此，在天堂的第三层就可以俯视明堂全景了。天堂主要用来安放一尊大佛像，大佛像是用麻布和干漆塑制而成，即夹纻佛像，又称为"麻主"。这个麻主非常之大，"其小指犹容数十人"。由于天堂过高，在开始建造时，就被大风吹倒过，但是，武则天不放弃，命人重新建造。

明堂建成后，刘允济献《明堂赋》，第一句为"大哉乾象"，有"望仙阁之秀出，瞻月观之宏峙"等诗句，极述明堂之宏大壮丽，以此来歌颂武则天的功德。武则天看了很高兴，颁下手诏褒奖刘允济，并提拔他为著作郎和凤阁舍人。

可惜的是，明堂和天堂建成仅七年，就在证圣元年（695）的正月十六日晚被薛怀义一把火烧为灰烬，史书记载火势极猛，"京城光照如昼，至曙并为灰烬"。火灾发生后，武则天"耻而讳之，但云内作工徒误烧麻主，遂涉明堂"，没有立即处置薛怀义，并仿效汉武帝重建柏梁台故事，把建筑规模搞得更大，希望把"火殃"镇住。天册万岁元年（695）三月，重建的明堂工程完工，改称通天宫，其规模要比原来的明堂小一些。四月，由武则天亲自主持祭祀之礼，大赦天下，改年号为万岁通天元年。重建的明堂有九州铜鼎，其中最大的神都鼎，高一丈八尺，容量1800石。其余八鼎，各高一丈四尺，容量1200石。每个鼎上都绘有本州的山川物产的形象。

明堂的雄伟盛况，卢照邻在《歌明堂第二》中有记载："穆穆圣皇，雍雍明堂。左平右城，上圆下方。调均风雨，制度阴阳。四窗八达，五室九房。南通夏火，西瞰秋霜。天子临御，万玉锵锵。"李白也写有《明堂赋并序》描述明堂的辉煌壮观："观夫明堂之宏壮也，则突兀瞳曨，乍明乍蒙，若大古元气之结空。籠嵸頹沓，若嶬若嶪，似天阓地门之开阖。尔乃划岸客以岳立，郁穹崇而鸿纷。冠百王而垂勋，烛万象而腾文。窣惚恍以洞启，呼嶔岩而傍分。又比乎昆山之天柱，矗九霄而垂云。"

明堂是武则天一统天下、执掌国柄、沟通天地、感应四时的重要场所，气势恢宏，壮观华丽，巍峨参天。唐玄宗开元二十七年（739）冬十月，毁东都明堂之上层，改拆下层为乾元殿。

（三）贞观殿

贞观殿，隋时称大业殿，是皇帝在后寝的居所，也是皇帝退朝之后召见朝臣听政之处。唐代制度，皇帝要隔日召见重要大臣，处理政务。

唐高宗驾崩于此殿。弘道元年（683）十一月，高宗封禅泰山，病重，车驾归于东都洛阳，之后在贞观殿静养。高宗驾崩前想登则天门楼宣赦，但是"气逆不能乘马"，于是宣召群臣百官入贞观殿宣赦，当天晚上急召宰相裴炎入殿，遗诏辅政，随即崩于贞观殿。

唐高宗驾崩之后，贞观殿就再也没出现在史书中。武则天时期的寝殿是明堂西北的迎仙殿。迎仙殿也称集仙殿、迎仙宫，是武则天与控鹤监张易之、张昌宗等诸少年饮酒、博局戏取乐的地方，装饰豪华奢侈。开元十三年（725）四月，唐明皇在集仙殿宴请中书门下官员、礼官及学士。因为满座人才济济，唐玄宗对"集仙殿"的殿名有了新的想法：神仙的说法虚无缥缈，并不能令人信服；而贤能之才却是治理国家的根本，因此，集仙殿应改名"集贤殿"。此后，殿中原有的丽正书院也改为"集贤书院"。集贤书院不是一座以教学为己任的书院，而是唐政府搜集图书、整理图书、编写图书、收藏图书的大型国家级图书馆，同时也是当时的知识分子参政议政的重要场所之一。唐玄宗非常重视集贤书院的工作，历任知院事即集贤书院院长都是由宰相担任的，第一任知院事是著名的文臣张说。书院的编校抄工作对发展唐文化和保留传统文化起了重要作用。

（四）洛城殿

洛城殿位于集贤殿北，在这里出现了科举考试"殿试"的先例。

武则天为了能登基，罢免了官僚中的李家宗室大臣和一些保李派人士，肃清了反对力量，这就需要新的官吏来补充和强化她的统治。因此，天授元年（690）二月，武则天安排新科进士到洛城殿进行考试，由皇帝亲自出题，这就是科举考试中所谓的"殿试"。武则天的举动，开"殿试"之先河。殿试之举，一方面明确表示女皇帝对人才的重视，另一方面也使考生对皇帝产生敬重之感，参政后会更加支持女皇的政权。从此之后，科举考试的科目增加了，考生范围也扩大了，不问门第，不拘资历。

洛城殿东北有仙居殿，殿南是集贤殿，殿东有亿岁殿、同明殿，殿北是九洲池。九洲池，其得名据说是因为"其池屈曲"像东海之九洲。九洲池占地极广，有十顷之多，水深丈余，这里鸟鱼翔泳、花卉罗植。池中有洲，洲中有瑶光殿，为隋代所建，武后常到此游玩。天册万岁元年（695），武则天因厌恶薛怀义的骄恣不驯，密选宫人有力者百余人埋伏在瑶光殿前，待薛怀义来后，"执之于瑶光殿树下"，然后派建昌王武攸宁率领壮士将其打死。

二、皇家别馆上阳宫

上阳宫，唐人亦称之为"上阳别馆""上阳别宫""上阳西宫""西宫"等，是唐高宗时期在东都洛阳修建的一组重要宫殿群。

上阳宫与长安的大明宫相仿，均避开了原来宫城的布局；同时，也都修建在原来的城墙之外，大明宫修建在长安城外北部偏东的地方，上阳宫修建在洛阳城外西部偏北的地方，东傍皇城；与大明宫取代原来宫城的政治地位一

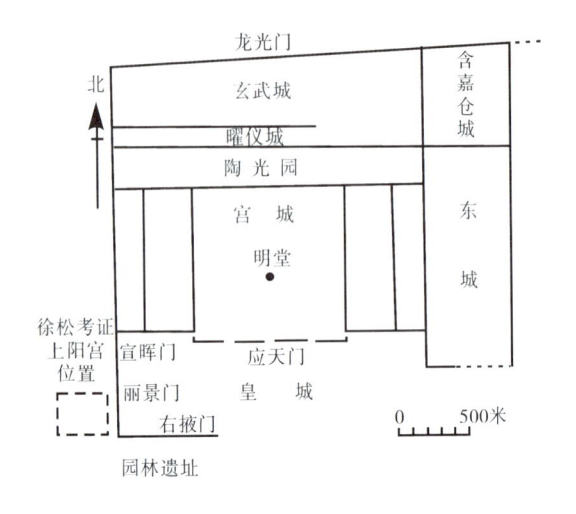

上阳宫遗址示意图

样，上阳宫也在唐高宗、武则天时期取代了原来洛阳宫城的政治地位，成为东都洛阳的主要宫殿群。

当然，上阳宫与大明宫有许多不同的地方。

上阳宫在皇城的西面，正门面对皇城，开门的方向以东为上。很明显，这是为了继续使用洛阳皇城的相关建筑设备，在建筑时有意地把上阳宫和皇城组成一体。这也是都城建设方面的一个创举。

据《大唐六典》卷七"尚书工部"记载："上阳宫在皇城之西南，苑之东垂也。南临洛水，西拒谷水，东面即皇城右掖门之南。"《太平御览》引《东京记》也有类似的记载。由此可见，上阳宫的具体位置是非常明确的。

上阳宫由司农卿兼将作监韦弘机主持建设。韦弘机在建筑艺术上有极高的造诣，他为唐高宗建设的宿羽宫和高山宫辉煌壮丽、承高临深，有眺望之美，体现了建筑与自然地形完美结合的设计理念。他主持建设的上阳宫也极为壮丽奢侈，有许多创新之处，例如，在洛水北岸建筑了长达一里的观赏长廊，扩展了园林建筑的手法。因为上阳宫的建筑极尽豪奢，太过华丽，韦弘机被指责诱导皇帝弃俭从奢，获罪丢官。

从唐高宗上元二年（675）开始，到仪凤四年（679）大致结束，上阳宫的修建前后用了五年时间。在建设过程中，平整地基时发掘出一个铜器，形状像一个铜盆，但是比盆浅一些，中间隐隐约约有双鲤的形状，两个鲤鱼之间有四个篆字"长宜子孙"。因为"鲤"与"李"同音，所以这个铜器发掘出来之后，被认为是李氏皇族兴盛的兆头。

上阳宫是一处大型建筑群，《唐六典》记载："上阳宫……东面二门，南曰提象门，北曰星躔门。提象门内曰观风门，南曰浴日楼，北曰七宝阁，其内曰观风殿。殿东面其内又有丽春台、曜掌亭、九洲亭。其西则有西上阳宫。两宫夹谷水虹桥，以通往来。北曰化成院，西南曰甘露殿，

141

东曰双曜亭。又西曰麟趾殿，东曰神和亭、西曰洞元堂。观风殿之西曰芙蓉亭，又西曰宜男亭。北曰芬芳门，其内曰芬芳殿，又有露菊亭，宜春、妃嫔、仙妤、冰井等院，散布其内。宫之南面曰仙洛门，又西曰通仙门。并在其中、其内曰甘汤院。次北东上曰玉京门，门内北曰金阙门，南曰泰初门。玉京之西曰客省院、荫殿、翰林院。又西曰上阳宫，宫西曰含露门。玉京西北出曰仙桃门，又西曰寿昌门，门北出曰元（玄）武门。门内之东曰龙飞厩。"可见，这里的宫殿建筑以繁华著称，达数十处之多。

上阳宫的宫殿建筑功能，是供唐王朝皇帝后妃居住、游赏，因此，根据《唐六典》记载，对照《永乐大典》中的上阳宫图，我们发现，上阳宫的建筑并不像洛阳宫那样，采取前朝后寝、对称排列的布置方式，而是根据其不同的功能要求，根据地形地势，采取了组团式布局，也就是说，各建筑组团采用自由的、集锦式的布局，散置在上阳宫的园林空间之中。

上阳宫一共有六大建筑组团，分别为：观风殿、化成院、麟趾殿、本院、芬芳殿及西上阳宫组团。观风殿建筑组团主要包括观风门、浴日楼、丽景台、七宝阁、九洲亭和曜掌亭等，这组建筑在皇城的提象门外，距离皇城最近，坐西面东，是唐高宗听政的主要地方，武则天晚年还政给唐中宗后，也居住在这里。化成院建筑组团主要包括仙居殿、甘露殿、双曜亭等建筑，其中，仙居殿就是武则天神龙元年（705）十一月驾崩的地方。麟趾殿建筑组团包括神和亭、洞元堂等。本院建筑组团主要包括丽春殿、含莲亭、芙蓉亭、宜男亭等，这里南临洛河，风景佳丽，临河有一里长的观赏长廊。芬芳殿组团在上阳宫西北的芬芳门内，主要包括宜春院、仙妤院、妃嫔院、冰井院、露菊亭和上清观等建筑。西上阳宫组团主要有客省院、荫殿、翰林院、飞龙厩等建筑。

上述各殿、院应是一个建筑组团的主体建筑，相应还有附体建筑，才能满足嫔妃居住或游赏或离居生活的需要。

可惜上阳宫的建筑形制缺乏史料记载，仅能根据唐代的诗文描写来推测其豪华壮观。贾登《上阳宫赋》有："天子卜，惟洛食受于河图，开上阳别馆。取大壮之规模，尔其则以三象；启云构而承天，擎露盘而洗日。俯驰道而将半，临御沟而对出。凝海上之仙家，似河边之织室。……既其避暑，亦以迎春。……闭门户而藏春，掩金台而罢曙。见芳草之空积，看桂花之独著。"李赓的《东都赋》也描写了上阳宫的建筑："上阳别宫，丹粉多状，鸳瓦鳞翠，虹梁叠状。横延百堵，高量十丈。出地标图，临流写障。霄倚霞连，屹屹言言。翼太和而耸观，侧宾曜而疏轩。"由此可以知道上阳宫的建筑高大宏丽，"启云构而承天"，"屹楼台而镇空"，主要建筑是绿瓦红柱，就是琉璃瓦和红油漆殿柱，色彩鲜艳，可以用"翠瓦光凝""鸳瓦鳞翠""丹粉多状"等来进行描绘。

上阳宫环境优美，建筑奢华，被誉为人间仙境，深受唐代帝王将相和文人骚客的喜爱，在唐代有许多诗赋吟咏上阳宫。其中，最著名的是王建的《上阳宫》：

上阳花木不曾秋，洛水穿宫处处流。

画阁红楼宫女笑，玉箫金管路人愁。

幔城入涧橙花发，玉辇登山桂叶稠。

曾读列仙王母传，九天未胜此中游。

翻译成现代文，大意是：

上阳宫内花木常青，宫中水流环绕；

雕梁画栋的楼阁内，美女欣然乐舞欢笑。

涧边是橙花竞放，山上有桂叶未凋；

就算是曾经幻想过的神仙境地，

也不如这里的盛景美好。

上阳宫自建成之后，就成为唐代宫廷的重要政治活动场所。唐高宗、武则天、唐玄宗等帝王都曾在这里设朝听政。

仪凤四年（679），上阳宫还未完全竣工，只是大致建成，唐高宗就迫不及待地移居上阳宫。之后，上阳宫以其雅致繁丽、高大辉煌甚得帝心，史书记载，唐高宗晚年就常居此宫听政。这位体弱多病、笃信宗教的皇帝，还把嵩山道士潘子真迎入上阳宫，"天子侧席斋宫，虚襟宣室"。

武则天更喜欢居住在上阳宫。唐高宗上元二年（675）上阳宫始建之时，武皇后已参与朝政达七年之久。上阳宫的规划与建设，要说没有武皇后的首肯是不可能的。武则天执政以后，垂拱年间曾有一段时间在上阳宫中听政。她还常常在上阳宫中宴飨群臣，《全唐诗》就收录宋之问《上阳宫侍宴应制得林字》诗："广乐张前殿，重裘感圣心。砌蕢霜月尽，庭树雪云深。旧渥骖宸御，慈恩忝翰林。微臣一何幸，再得听瑶琴。"宗楚客也有《奉和幸上阳宫侍宴应制》："紫庭金凤阙，丹禁玉鸡川。似立蓬瀛上，疑游昆阆前。鸟将歌合转，花共锦争鲜。湛露飞尧酒，熏风入舜弦。水光摇落日，树色带晴烟。向夕回雕辇，佳气满岩泉。"这些都是应制之作，艺术价值可能并不高，但是，在这些诗里除了感谢皇恩、歌功颂德，还有一些上阳宫景色的描写，如"砌蕢霜月尽，庭树雪云深""水光摇落日，树色带晴烟"等，对了解上阳宫的美景有一定的帮助。神龙元年（705）正月癸卯，张柬之、崔玄暐等发动政变，诛杀武后近臣张易之、张昌宗，拥立唐中宗复位，武则天迁居上阳宫。第二天，唐中宗率百官来到这里，为武则天上尊号，称"大圣则天皇后"。武则天居住于上阳宫后，唐中宗每隔十日就要去探望，著名的伴食宰相卢怀慎当时只是侍御史，他进谏道："原来汉高祖称帝后，五日朝见太公一次，因为他是以布衣身份取得天下的，所以，将尊贵归于他的父亲。如今陛下是遵循成法，按照旧制继承皇统，与汉高祖不同，怎能效仿汉高祖？况且，应天门离提象门不过二里，骑马不能成列，乘车不能并行，陛下常常从这里经过，万一有愚人犯驾，又该如何？臣认为陛下应该把太后接到内朝奉养，这样就不劳陛下犯险出入。"这样的建议唐中宗是不听的。同年十二月，幽处上阳宫的武则天崩于仙居殿，享年八十三岁。

唐玄宗李隆基来到洛阳也喜欢住在上阳宫。开元中，唐玄宗曾携武惠妃幸上阳宫麟趾殿。之后，他又曾在上阳宫中观灯，为此还结彩楼三十余间。开元十年（722），唐玄宗御洛城门试文章取人，命苏晋、陈希烈在上阳宫化成院考试。开元二十年，唐玄宗在上阳宫东洲宴百官，与臣民同乐。梅妃失宠后，迁入上阳东宫。

上阳宫宫殿众多，宫女也非常之多。因此，上阳宫既是美人库，也是美人窟。后宫有美色的女子，得不到君王的宠爱，上阳宫就成为安置后宫女子的冷宫别院，有些女子一直活到贞元年间（785—804）。白居易曾写《上阳白发人》诗：

上阳人，上阳人，红颜暗老白发新。

绿衣监使守宫门，一闭上阳多少春。
玄宗末岁初选入，入时十六今六十。
同时采择百余人，零落年深残此身。
忆昔吞悲别亲族，扶入车中不教哭。
皆云入内便承恩，脸似芙蓉胸似玉。
未容君王得见面，已被杨妃遥侧目。
妒令潜配上阳宫，一生遂向空房宿。
宿空房，秋夜长，夜长无寐天不明。
耿耿残灯背壁影，萧萧暗雨打窗声。
春日迟，日迟独坐天难暮。
宫莺百啭愁厌闻，梁燕双栖老休妒。
莺归燕去长悄然，春往秋来不记年。
唯向深宫望明月，东西四五百回圆。
今日宫中年最老，大家遥赐尚书号。
小头鞵履窄衣裳，青黛点眉眉细长。
外人不见见应笑，天宝末年时世妆。
上阳人，苦最多。
少亦苦，老亦苦，少苦老苦两如何！

君不见昔时吕向《美人赋》，

又不见今日上阳白发歌！

正是由于上阳宫成为女子的"幽禁所"，因此，上阳宫女常常用红叶题诗以寄怀幽情，红叶随水流出宫外，有时会成就一段佳话。《全唐诗》十一函十册收录了天宝年间上阳宫无名宫人写的《题洛苑梧叶上》诗，并讲述了一个凄美的故事。天宝末年，上阳宫一位无名宫女感怀身世，在梧桐叶上写诗："一入深宫里，年年不见人。聊题一片叶，寄与有情人。"这片梧桐叶从御沟流出。文人顾况偶然拾得，见诗思幽怨，也在叶上题诗一首："花落深宫莺亦悲，上阳宫女断肠时。君恩不闭东流水，叶上题诗寄与谁。"之后，顾况将这片叶子辗转放入御沟上游，使之重新流回宫内。十几天后，在御沟下游徘徊的顾况又一次捡到这片叶子，上面增加了一首诗："一叶题诗出禁城，谁人酬和独含情。自嗟不及波中叶，荡漾乘春取次行。"后来，这几首诗广泛流传，皇帝也知道了，于是，这位宫女被找出来，遣出宫，与顾况结为夫妻，成就一段佳话。这个宫女算是幸运的，然而，这种幸运的情况少之又少，大部分宫女在上阳宫虚度年华直至老去。

从唐中宗开始,朝廷的政治重心回到西京长安,东都洛阳的地位随之下降。上阳宫的地位也与洛阳城一样,逐渐下降了。上阳宫日趋衰败,尤其是经过安史之乱,上阳宫遭到严重破坏,到唐德宗时期被废弃。

上阳宫的范围目前还不清楚,但是在洛阳城西王城公园南部发现了一部分廊庑殿基,出土了一些莲花纹铺地方砖、莲花瓦当和黄绿色的琉璃瓦、精巧玲珑的铜制构件,还出土了一件用于泄水的龙首形青石水槽,据记载,以往这一带也出土过一件类似用途的大型石雕蟾蜍。

1989—1993年,中国社会科学院考古研究所洛阳唐城队在隋唐洛阳城皇城西南——今洛阳市支建街附近发掘出一处保存较好的唐代皇家园林遗址。遗址由水池、假山、廊房、水榭以及石子路等组成。其中,水池是东西较长南北很窄的结构,东西长53米以上,南北宽则3～5米不等,用太湖石砌成,南北池岸随地势稍有屈曲;廊房修建在水池南北两岸,水榭横跨水池,将南北两岸的廊房连为一体。这处遗址还包括六处假山和两条用五彩鹅卵石铺成的石子路。从遗址的情况来看，这是一座园林遗址，构思精巧，布局谨严，充分体现出唐代造园艺术的高超。不仅如此，遗址还出土有大量的建筑构件，如黄绿釉的琉璃瓦、螭首、铜质建筑构件以及"开元通宝"钱币等。特别值得一提的是，遗址中出土了一件由整块青石精雕而成的螭首，通长 74 厘米，龙首瞪目扬眉，气韵极其生动，应该说是唐代石雕中的精品。这次发掘的园林遗址面积并不大，应该仅是唐东都洛阳上阳宫内一个极小的园林，该园林遗址究竟属于上阳宫内的哪座建筑，它的全貌如何，尚不得而知，有待以后的考古发掘与研究来解决。

第三节　东城桃李洛阳园

"东城桃李"是洛阳八小景中的一景。东城，本来是指隋唐东都洛阳宫城、皇城东边的一个夹城。所以，按照狭义的理解，"东城桃李"指的就是东城街市中的桃李景色或者指宫城、皇城以东私家园林中的桃李花。但是，根据唐诗和其他史料相互印证后，有学者认为这"东城"不是狭义上的东城，而应该是指洛阳城东地区，包括上东门外、建春门外、永通门外的广大地域。李白有诗《洛阳陌》："白玉谁家郎，回车渡天津。看花东陌上，惊动洛阳人。"意思是：一个风流潇洒的富家子弟，驾着宝马香车，奔驰于天津桥上；他忽然决定要去东城看桃李，掉转车头就向"东陌"而来，其"白玉"的仪容和果断的举止引得洛阳人争相观看。阡陌相连，应在城外，则李白诗中看花的"东陌"应该是洛阳"东郊"了。

唐代，由于洛水贯都，渠道密布，城中几乎家家有流水，户户建园林，导致洛阳城苑一体，满城皆园，私家园林空前繁盛，李格非《洛阳名园记》有"公卿贵戚开馆列第于东都者，号千有余邸"的说法。洛阳城的东南角及长夏门、定鼎门等郭城南边和东边一些坊，有水流经过，容易遭受水灾，同时，这些坊远离城市中心，一般居民不喜欢居住。但是，这一带却是东都景色最美之处，成为分司官员和文人墨客的理想居处，也是洛阳私家园林较多的地方，白居易、裴度、牛僧孺、刘禹锡、李德裕等人的私家园林都在这里。刘禹锡曾写过一首诗，描写城东风景："金谷园中莺乱飞，铜驼陌上好风吹。城东桃李须臾尽，争似垂杨无限时。"

一、白宅履道坊

履道坊位于长夏门东第四街，因距朝堂、市场都比较远，且有伊水渠流过，所以，履道坊普通居民稀少，"居止稀少，惟园林滋茂耳"，是一个景色优美、绿植遍地、宁静幽深的居住区。《唐两京城坊考》记载，履道坊在隋代有乐平长公主宅、宇文恺宅，唐代有源匡赞宅、高力牧宅、吏部尚书崔群宅。李健超《增订唐两京城坊考》根据出土墓志补充考证，履道坊前后还有中散大夫、上柱国、行成州长史张安宅，朝散大夫、守汝州长史崔皑宅，泗州刺史赵本质宅，桂阳郡临武县令王训宅，邺郡成安县尉高故妻张氏宅，河南府洛阳县尉王师正宅，京兆府户县令李钧宅，太子太保分司东都赠太尉崔慎由宅等。这些住宅，目前尚不能确认其具体位置，而且住宅的主人可能前后有重叠，正如白居易买的是散骑常侍杨凭的住宅一样，同一座宅第，主人前后不同。从头衔来看，履道坊这些官宅主人的身份还是比较高的。

唐代著名大诗人白居易晚年就居住在履道坊白宅，直至寿终。

长庆四年（824），白居易以太子左庶子的身份分司东都。他选择履道坊作为晚年的居所，《旧唐书·白居易传》有履道坊白宅的记载："初，居易罢杭州，归洛阳。于履道里得故散骑常侍杨凭宅，竹木池馆，有林泉之致。"之所以选择履道坊，白居易认为"东都风土水木之胜在东南隅，东南之胜在履道里"（《池上篇并序》）。因此，他在《洛下卜居》一诗中说明了原因："遂就无尘坊，仍求有水宅。东南得幽境，树老寒泉碧。池畔多竹阴，门前少人迹。"就是因为履道坊有水有树，环境清幽，没有闲人喧嚣啊。用白居易的一句诗来概括，就是："地与尘相远，人将境共幽。"

白居易在《池上篇并序》中对履道坊环境及其宅院形制构造记载详细："都城风土水木之胜在东南隅，东南之胜在履道里，里之胜在西北隅。西北垣第一第即白氏叟乐天退老之地。地方十七亩，屋室三之一，水五之一，竹九之一，而岛池桥道间之。"

　　1992年10月至1993年5月，中国社会科学院考古研究所洛阳工作站唐城队对白居易宅院进行了勘探发掘。发掘表明：履道坊的西侧自南而北有两条唐代水渠，在履道坊西北角汇合后转向东流。这能够与白居易的诗句"徘徊伊涧上，睥睨嵩少傍"相互印证。水渠间发现有一条坊间大道，应该是隔开履道坊与其北集贤坊的道路，宽8米多，履道坊内有十字路及小十字路。白居易宅第应在履道坊西北部，面积约合今13.4亩。这里发掘有中厅及廊房遗迹，从墙基散水及残存建筑基址看，白居易宅第的

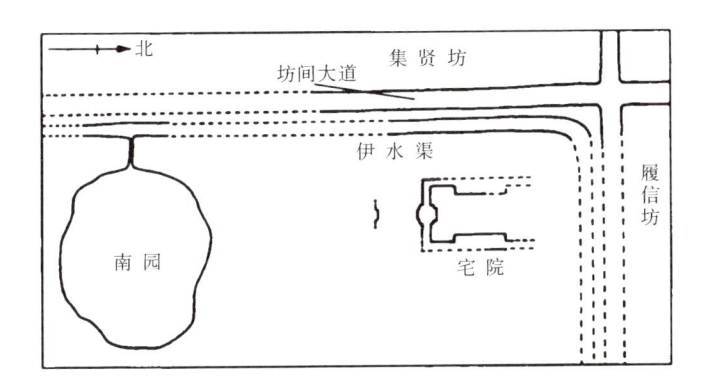

白居易故居遗址示意图

布局南有厢房（门房）、北有上房，是一座有前后庭院的两进院落式庭院，后院应该是白居易及其家人的卧室、厨房，还有一座平面呈方形的中厅，东西两端有回廊与两面对称的东西厢房相连。在居住区的南面，探出大量的池沼淤积土，并有引水渠与坊西侧的伊水渠相通，很可能就是白居易宅第南园中的池沼。从考古发掘看，宅院的布局大体是：宅门向西临坊里巷，西巷有伊水渠从南往北又东流去。园内水由西墙下引入，在园内周围绕流，于东北流出入于伊水渠。南面是园，有水池；宅第在东北，宅第西是西园。

这种布局可与白居易有关诗文相互印证。如"穿篱绕舍碧逶迤，十亩闲居半是池"，可见南园中的水池并不小，它几乎占据白居易宅第的一半面积；"小竹围庭匝，平池与砌连"，则说明白居易宅第竹枝深邃、池水幽清的景色。唐文宗大和三年（829），白居易又在池东修了粮仓，在池北建了书房，在池西盖了琴亭，在池上修了西平桥和中高桥，还在池周路上铺了石子。另外，在池中种了白莲、菱角并添置了小船。

总的来说，白居易的履道坊住宅是这样的：

> 履道坊西角，官河曲北头。
>
> 林园四邻好，风景一家秋。
>
> 门闭深沉树，池通浅沮沟。
>
> 拔青松直上，铺碧水平流。
>
> 篱菊黄金合，窗筠绿玉稠。
>
> 疑连紫阳洞，似到白蘋洲。
>
> 僧至多同宿，宾来辄少留。
>
> 岂无诗引兴，兼有酒销忧。
>
> 移榻临平岸，携茶上小舟。
>
> 果穿闻鸟啄，萍破见鱼游。
>
> 地与尘相远，人将境共幽。
>
> 泛潭菱点镜，沉浦月生钩。
>
> 厨晓烟孤起，庭寒雨半收。
>
> 老饥初爱粥，瘦冷早披裘。
>
> 洛下招新隐，秦中忘旧游。
>
> 辞章留凤阁，班籍寄龙楼。
>
> 病惬官曹静，闲惭俸禄优。

琴书中有得，衣食外何求？

济世才无取，谋身智不周。

应须共心语，万事一时休。

二、东城园林区

履道坊内，还有崔群宅池，位于白居易宅南。白居易《祭崔尚书文》描述了崔群宅池之美："洛城东隅，履道西偏，修篁回合，流水潺湲，与公居第，门巷相连。"

履道坊以北是履信坊，这里有元稹的"履信池馆"。白居易《自问》曾提到履信坊"履信池荒宿草春"，原注为："微之（元稹的字）池馆在履信。"元稹的履信住宅"多水竹"。履信坊还有樱桃池，是李仍淑宅内池沼，白居易有《履信池樱桃岛上醉后走笔送别舒员外兼寄宗正李卿考功崔郎中》诗，《唐两京城坊考》也记载了白居易、刘禹锡等常与李仍淑聚会于樱桃池。

履信坊的东北，也就是建春门内南面的坊，就是牛僧孺居住的归仁坊，这里有著名的"归仁池馆"。牛僧孺的归仁园是唐代洛阳私家园林中面积最大的，其园"盖尽此一坊，广论皆里许。北有木石芍药千株，中有竹百亩，南有桃李弥望……河南城方五十余里，众多大园池，而此为冠"。归仁园内清渠瀑布常流，有古木、桃园、李园，种植大片牡丹、芍药，建筑清漪，置石得体。这也是其主人逃遁官场世事之地，佳木怪石置于阶庭，精舍翠竹环绕身边，牛僧孺常与诗人白居易吟咏其间而忘我，"无复进取之怀"。白居易有《题牛相公归仁里宅新成小滩》诗，是吟咏水景的佳作："平生见流水，见此转留连。况此朱门内，君家新引泉。伊流决一带，洛石砌千拳。与君三伏月，满耳作潺湲。深处碧磷磷，浅处清溅溅。碕岸束呜咽，沙汀散沦涟。翻浪雪不尽，澄波空共鲜。两岸滟滪口，一泊潇湘天。曾作天南客，漂流六七年。何山不倚杖，何水不停船。巴峡声心里，松江色眼前。今朝小滩上，能不思悠然。"

履道坊以西为永通坊，有崔玄亮宅池。白居易写有《崔十八新池》诗："爱君新小池，池色无人知。见底月明夜，无波风定时。忽看不似水，一泊稀琉璃。"道尽崔玄亮池景之美。

履道坊以东是集贤坊，裴度的"集贤林亭"位于此坊。白居易履道坊住宅与裴度住宅虽然分居两坊,但是仅为一街之隔,两座园林距离最近。《唐两京城坊考》对白居易履道坊的住宅与集贤坊裴度宅有一个介绍:"居易宅在履道西门,宅西墙下临伊水渠,渠又周其宅之北,宅去集贤裴度宅最近。"集贤林亭内有平津池,《旧唐书·裴度传》记载:"(裴度)东都立第于集贤里,筑山穿池,竹木丛萃,有风亭水榭,梯桥架阁,岛屿回环,极都城之胜概。"白居易有诗:"何如集贤第,中有平津池。池胜主见觉,景新人未知。"裴度为官二十余载、于四朝历任显职,他的集贤林亭特点鲜明,以平津池为主体,池中有三岛,其间"梯桥架阁",池水沉碧,碧波逶迤,翠竹森森,龙尾细细;园内夹杂错落清池曲榭,有北馆、水心亭可看倒影,在东岛上可观日出,在西岭上能赏夕晖,开阁堂视野开阔,适合观赏寒暑阴晴;同时,由于地处洛城东南,抬头便可见嵩山数峰。《名园记》中也赞叹:能将宏大与幽邃、人力与苍古、引水与成山三对矛盾处理巧妙如此者,"惟湖园(集贤园之别称)而已"。白居易常与集贤林亭的主人裴度、诗人刘禹锡以及诸多士人,于园中酣宴，高歌放行，诗酒琴书以自娱。白居易还有《代林园戏赠（裴侍中新修集贤宅成，池馆甚盛，数往游宴，醉归自戏耳）》《戏答园林》《重戏赠》《重戏答》等诗歌作品，在这些作品中，白居易让自家的园林与裴家园林做拟人式对话，从而慨叹自家园子太小。

三、文人唱和诗

中唐时期，统治阶级日趋腐朽、社会经济每况愈下、民生日益凋敝，唐王朝困难重重，危机四伏。囿于政治环境的腐朽，士子文人较少有参政议政的机会。因此"无道则隐"，社会不能接纳他们，他们便走向自然，走入内心。

白居易生于代宗朝，长于德宗时期，成熟于宪宗、穆宗时期，失意于敬宗、文宗时期。在洛阳东城的生活，是他历经仕途之后逐渐回归平淡的日子。所以，白居易与其他文人的诗文唱和，是"知足保和"的闲适诗，内容主要集中于对美丽景色的赞美和对退隐生活的讴歌，既有"宠辱忧欢不到情，任他朝市自营营。独寻秋景城东去，白鹿原头信马行"的潇洒和旷放，也有"心泰身宁是归处，故乡何独在长安"的体悟和通透。

白居易曾在自己的履道坊园林中举办"七老会"和"九老会"。

会昌五年（845）三月二十一日，"七老"于白家履道宅同宴。七老会，主要成员是七个70岁以上的老人：前怀州司马安定胡杲，时年89岁；卫尉卿致仕冯翊吉皎，时年86岁；前右龙武军长史荥阳郑据，时年84岁；前慈州刺史广平刘真，时年82岁；前侍御史内供奉官范阳卢真，时年81岁；前永州刺史清河张浑，时年74岁；还有刑部尚书致仕太原白居易，时年74岁。这七位老人，共计570岁。当然，与会的还有其他人，包括秘书监狄兼谟、河南尹卢贞等，因为年纪不到七十，所以不算在内。白居易把这次雅会称为"尚齿之会"，人生七十古来稀，七个超过70岁的老人聚会，确实难得。作为这次聚会的组织者，白居易作诗描写了这次在他私家园林之中的聚会全貌，其他六位老人均有诗唱和。

九老会情形如何已不可考，只知道在会昌五年夏天，有两位老人，一位是洛中遗老李元爽，时年136岁，另一位是僧如满，时年95岁，"年貌绝伦，同归故乡"，来履道坊白宅参加上述七老的聚会,称"九老会"。白居易命人画下九老形貌,并题诗一首《九老图诗并序》:"雪作须眉云作衣,辽东华表鹤双归。当时一鹤犹希有,何况今逢两令威。"

除此之外,白居易和履道坊周围的裴度、元稹、牛僧孺以及李德裕、令狐楚、刘禹锡等人也是诗文唱和不断,琴酒陶冶性情。例如,大和三年(829)九月,白居易和元稹有过诗文往来。白居易与元稹年轻时相识相知,诗文唱和从未间断,死生契阔者十载,歌诗唱和者百章。白居易的诗歌是元稹辑录成册,命名《白氏长庆集》,为白居易诗文的流传起到了不可替代的作用。大和三年(829),在白居易从刑部尚书职位上退休半年后,元稹自浙东观察使迁尚书左丞,在返回长安途中路经洛阳,在履道坊白宅和履信坊元宅流连许久,写下两首诗:"君应怪我留连久,我欲与君辞别难。白头徒侣渐稀少,明日恐君无此欢。""自识君来三度别,这回白尽老髭须。恋君不去君须会,知得后回相见无?"白居易也是依依不舍。

大和八年三月,裴度判东都尚书省事,充东都留守,公事之余，裴度与白居易、刘禹锡等酣宴终日，高歌放言，以诗酒琴书自乐。《新唐书·裴度传》也对裴度在其私家园林中与好友交游的情形有所叙述："（裴度）野服萧散，与白居易、刘禹锡为文章、把酒，穷昼夜相欢，不问人间事。"

裴度有《傍水闲行》："闲馀何处觉身轻，暂脱朝衣傍水行。鸥鸟亦知人意静，故来相近不相惊。"

白居易《和裴相公傍水闲行绝句》："行寻春水坐看山，早出中书晚未还。为报野僧岩客道，偷闲气味胜长闲。"

刘禹锡《和裴相公傍水闲行》："为爱逍遥第一篇，时时闲步赏风烟。看花临水心无事，功业成来二十年。"

从这组诗中既可看出三人之间有一种比较亲密的关系，也能读出一种从属的味道。裴度自叙闲散情怀在前，刘、白二人气味相随兼表其功业和雅兴于其后。这种闲适诗，描写了裴度园林的水光林色，但也有各自要表达的情志：裴度是回归自然的轻松闲适，白居易也表现出同样悠然的心境，而刘禹锡附和裴、白二人的闲散情怀之余，尾句将其关注个人"功业"的心态表露无遗。

白居易有《秋霖中奉裴令公见招早出赴会马上先寄六韵》一诗：

> 雨暗三秋日，泥深一尺时。
> 老人平旦出，自问欲何之。
> 不是寻医药，非干送别离。
> 素书传好语，绛帐赴佳期。
> 续借桃花马，催迎杨柳姬。
> 只愁张录事，罚我怪来迟。

大致意思是：三秋时节天昏雨落，路上泥泞不堪；我一个老人天刚亮就离开家，是要往哪里去呢？我不是寻医问药，也不是送别亲友。只因为裴公送来书信，邀我去宴饮。我借了别人家的桃花马，快马加鞭来到裴宅，还看到有美姬出门相催。我很担心赴宴的客人怪我来迟。从这首诗中可以看出裴度喜欢宴饮聚会，而且情兴之至，不管天气如何，便邀好友速至，不断相催。

大和五年（831）十月，刘禹锡转任苏州刺史，在赴任途中路过洛阳停留了十五天，与时任河南尹的白居易抚琴弄酒，谈诗论文。白居易专门在福先寺为刘禹锡饯行，席间白居易吟咏《醉中重留梦得》诗："刘郎刘郎莫先起，苏台苏台隔云水。酒盏来从一百分，马头去便三千里。"刘禹锡随即吟出："洛城洛城何日归？故人故人今转稀。莫嗟雪里暂时别，终拟云间相逐飞。"

　　洛阳东城景色好，成为分司官员和文人墨客的理想居处。那些精致的园林，以及园林内的诗文酬吟往来，也成为洛阳城市细节中带有梦幻色彩的文学遗产。

第三章

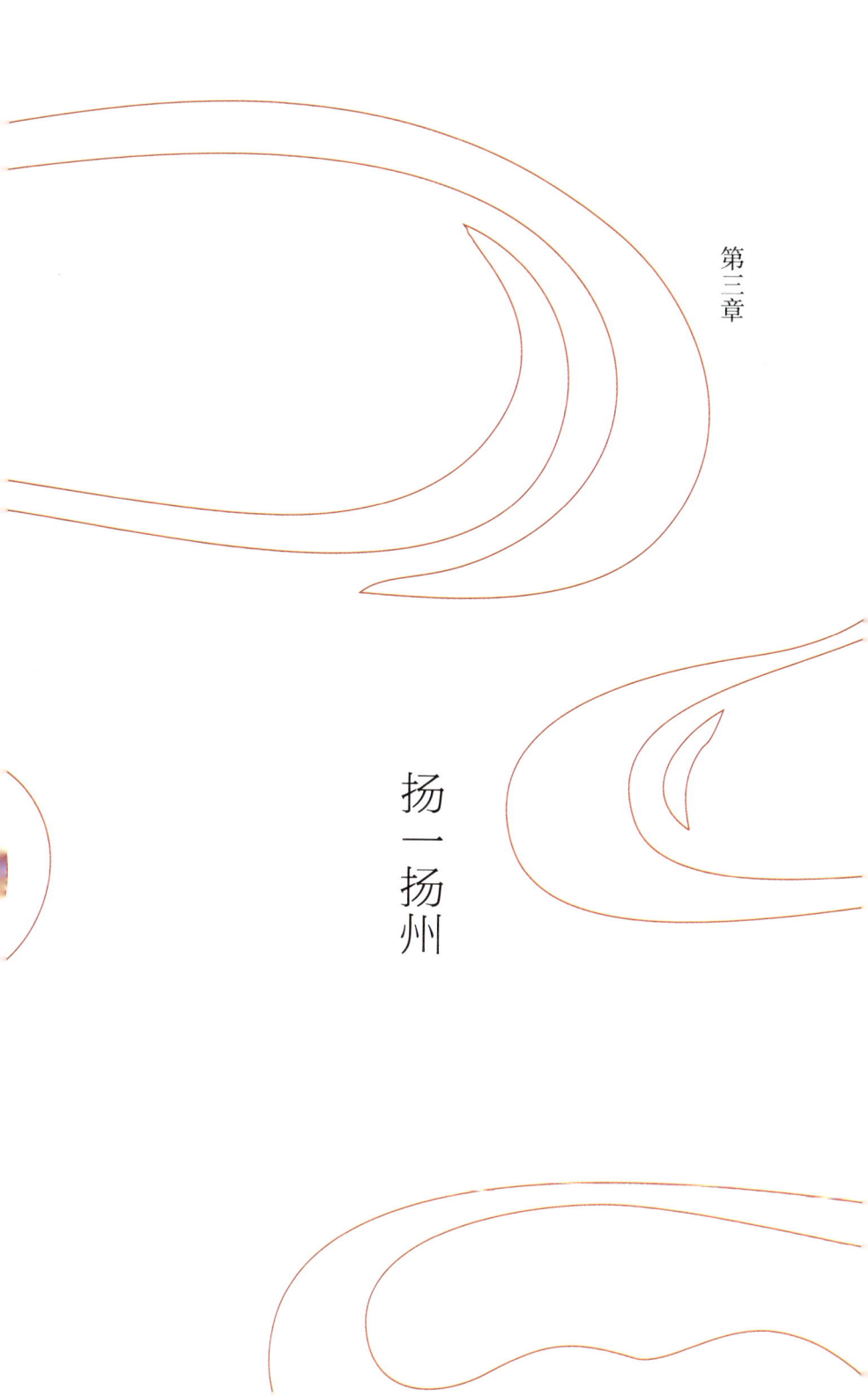

扬一扬州

第一节　霞映扬州两重城

在隋唐时期，黄河流域的长安与洛阳均为都城，这两座城市的政治地位极高，因此西京和东都的城市选址、规划、布局都经过精心安排。而位于长江上游与下游的益州和扬州，虽然也是唐代著名的大都市，在中后期有"扬一益二"之称，但由于地理位置不同，政治地位不同，经济发展背景不同，扬一益二的城市形态与西京、东都有很大的区别。

一、高骈缮完扬州城

扬州的地形，以蜀冈为主。从地理学上来看，蜀冈是一片丘陵，是江淮丘陵的余脉，因此嘉庆《重修扬州府志》说："蜀冈诸山，西接庐滁。"据《扬州画舫录》记载，蜀冈之上有三峰挺立。西峰上有五烈墓、司徒庙、胡范二祠；中峰之上有万松岭、仄山堂、大明寺诸胜；东峰之上有观音山、功德山等景点。蜀冈的范围相对较小，却是古代扬州城不可或缺的发源地。

扬州建城，开始于春秋末期，历经秦汉、魏晋南朝以至隋唐，名称虽有变化，城垣也有兴废，但城址一直没变。现在，在扬州城西北的蜀冈之上，南北观望，仍可清楚地看到狭长高地上有断续的古城版筑城垣的旧迹。

扬州自古是东南都会，人称"重江复关之隩，四会五达之庄"。隋炀帝时期，扬州是中央政府面向江南地区的重要政治与军事据点，隋炀帝三幸江都就说明了扬州的地位重要。唐代，扬州继续发展，安史之乱后，由于经济、财赋的因素，扬州的政治、军事地位显得更加重要，成为唐王朝财赋的重要转输中心。

唐代扬州有子城和罗城"两重城"，子城在蜀冈之上，罗城在蜀冈之下，王维诗句"街垂千步柳，霞映两重城"中"两重城"指的就是子城和罗城。子城是隋代的宫殿区，到了唐代，成为官署区。

罗城筑在蜀冈之下的平原地带，比子城大得多，也比子城要晚得多。罗城是随着唐代扬州经济、交通的发达，在平地上新构筑的。唐代中叶以后，随着江淮地区经济的不断发展，扬州作为交通枢纽，蜀冈之下的大运河沿岸率先发展起来，形成了新的繁华工商业区和居民区，才有了筑城的需要。考古学家认为，罗城的修建，大致在中晚唐之间；从发掘的土层来看，也不是一次修筑完成的，应该是和扬州在唐代的发展过程相对应的。据文献记载，唐德宗建中四年（783），淮南节度使陈少游修筑广陵城，务使"深沟高垒"。到唐僖宗乾符六年（879），当时的淮南节度使高骈在扬州"缮完城垒"，大兴土木，修建了雄伟壮观的扬州城，并在各城门的外围增建羊马城。新罗人崔致远亲自参与了这次规模浩大的修城活动，并撰写了《筑羊马城祭土地文》，从一个侧面记录了修城的壮观场面，同时赞美扬州城为"乌堞隼埔，高标壮观，北吞淮月，南吸江烟，平欺铁瓮之名，回压金瓯之记"。因此，扬州城城池坚固，易守难攻。陈少游和高骈的两次修城，虽然都没有明确提到筑罗城，但是可以与考古勘探相互证实，许

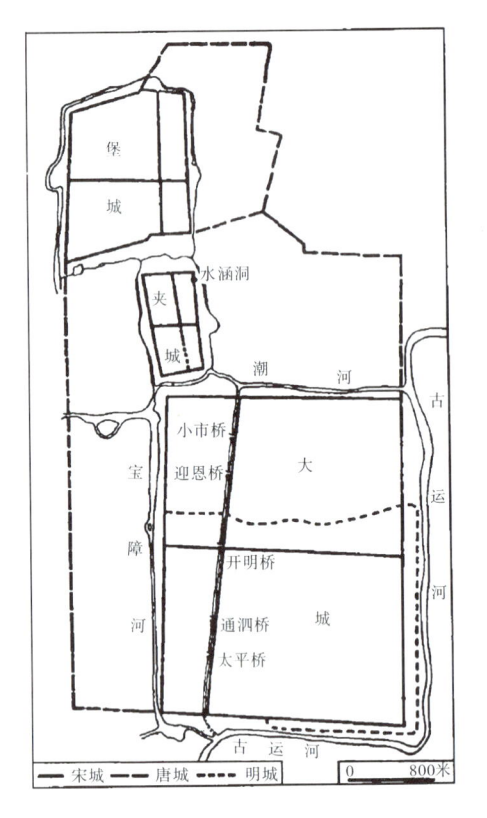

扬州古城区域示意图

多学者认定陈少游和高骈修筑的是扬州罗城。

罗城是扬州的居民区和工商业区。根据考古资料，我们可以确定罗城北界是子城南界，南界是今城南运河，东界在今东风砖瓦厂、高桥一线，西界在今蒿草河。唐代罗城内的古迹及城墙已被毁坏殆尽，地面仅存一段高出地表约 2 米、厚约 9 米的北城墙夯土残垣。因为罗城不是一次修筑完成的，其规划和布局也就无法与黄河流域的长安和洛阳相提并论。但是，由于扬州罗城是中晚唐兴建的，长安和洛阳在城市建设方面的经验和教训对扬州应该有一些影响。所以，扬州的罗城与西京长安、东都洛阳一样，形状较为方正，里坊也井然有序。当然，在城市建设方面，扬州也有自己的特点。

从城市形状方面来看，扬州的罗城是一座南北向略不规则的长方形城池。《梦溪笔谈·补笔谈》载："扬州在唐时最为富盛。旧城南北十五里一百一十步，东西七里三十步。"罗城四周皆有护城河环绕。通过考古钻探可以证实：扬州的罗城南北长 4300 米左右，东西宽约 3120 米，面积为 13 平方千米，南墙和西墙比较平直，东墙略有曲折，北墙曲折最多。

罗城的城门，除原有子城南门与罗城相连外，还开辟有 13 座城门和 3 座水门。其中东、南、西三面各有 4 座城门和 1 座水门，北面 1 座城门，打破了古代城墙"一面三门"的格局。

罗城北城门称"参佐门"，《旧唐书》记载，光启三年（887）夏四月"吕用之由参佐门遁走"。考古勘探表明，参佐门可能是一门一道结构，门道宽约 6 米、长 12 米，可能有包边的砖墙，门道内有路土。参佐门以西的罗城北墙上还有一个缺口，可能是水门或水关。

东墙上有 4 座城门、1 座水门和 1 处过水类设施。考古发掘了今天东关街首东门夯墙和莱茵北苑东门、化工技校东门，表明东关街首东门的主城墙始建于唐代，城门可能是杨吴时期的修缮遗存；莱茵北苑东门的主城门是单门洞，宽约5米，门道的路面比较坚硬，路基是用灰土夹沙土夯筑的，在路土上还有一层比较厚的木炭堆积痕迹；化工技校东门北侧是水门，门址已经没有痕迹了，但是邗沟的河道痕迹还在，河水出城部位还遗留有一座砖桥，这座水门在文献上有记载，唐文宗开成三年（838）日本和尚圆仁《入唐求法巡礼行记》中提到扬州东郭水门。

西墙上也应该有4座城门，与东墙上的城门东西对应。目前考古发掘了杨庄西门、德豪西门、农学院西门，双桥西门应该也是曾经存在的。杨庄西门是最北边的西城门，使用上限为唐代中期，下限到五代；城门是一门一道结构，门道宽5米，夯土墙体，外砌砖墙；城门内口的南北两侧设有马道。杨庄西门以北有西水门，位于观音山以南约100米，在这里勘探出河道淤土带约10米宽。《旧唐书·杜亚传》和梁萧《扬州牧杜公亚通爱敬陂水门记》记载了西水门及其位置。杨庄西门以南是德豪西门，位于念四路与白塔街交会处的东北侧，在这里发现了宽约11米的夯土城墙，残存高度 1.2 米。西墙上与东关街首唐宋城东门相对应的位置，应该有双桥西门。据日本近代学者安藤更生在扬州做的考古调查，这里呈豁口状。最南的西门被称为农学院西门，是一门一道形制，门道宽 5 米、长 9 米，门外有方形瓮城。

南墙上有 4 座城门，位于现南门街南端的南门暂称为南门街首南门，其东、西两侧各有一座南门，再东的徐凝门西侧可能还有一座南门。南门街首南门的发掘结果说明，这座城门及其瓮城始建于中唐，中唐时期的瓮城可能呈弧形抹角状。这座城门的位置千余年基本没有变动，可能与这里位处汶河、古运河、明清护城河的交汇处有关。

西京长安共有 12 座城门，东、南、西、北四面城墙各开三门；东都洛阳共有 8 座城门，南墙 3 座、东墙 3 座、北墙 2 座，西墙没有城门。相比之下，可以看出扬州罗城的城门数量要多于长安和洛阳。这一方面说明扬州地处东南，由于政治地位较低，不太注重城门的军事防御性质；另一方面也说明扬州是一座繁华的商业大都市，多座城门的开辟是为了进出城的交通便捷。当然，扬州城门的数量虽然多于长安和洛阳，但正门为一门三洞，其余的城门为一门一洞，远不及长安和洛阳的正门一门五洞、其余一门三洞的城门规模。

目前，已探出罗城南门3座、西门2座、东门1座、北门1座。2008年，在瘦西湖畔万花园二期工程考古工地上，沉睡了千余年、面积近3000平方米的唐城西门遗址被挖掘出来，轰动一时，当时的报道称"这是近几年全国发现的最为完整的唐代城门遗址"。据考古专家介绍，这座城门有十几米宽，门洞有十几米深，本来十多米高的城墙已经颓然成断垣。城墙采用夯土包砖结构，原来有十几米高，经过多年坍塌风化，现残存1米多高，城墙宽为十多米。考古人员介绍说："门洞里本有一条深深的车辙，然而不知何故，却在宋代时被挖开了一条沟。到宋代时，这里已成了偏远乡村，再也见不到当年的盛景。"

二、十里长街市井连

由于扬州是水乡，所以，唐代扬州罗城内的交通以街道和运河为框架，使罗城的平面布局井然有序。以运河为中心的水陆交通在扬州非常重要。当时扬州城内主要河流是运河,由瓜洲进入,自北向南过扬子津纵贯罗城蜀冈之下,沿着邗沟故道折而向东,再横贯罗城到禅智寺,接湾头通扬运河,再折向北上。《梦溪笔谈·补笔谈》记载,罗城内主要的小型运河有三条,其中南北向两条,东西向一条。纵贯南北的两条运河,据考证最宽的是直对子城南门、偏于宋大城之西的运河,宽约30米,是所谓的"官河"。《旧唐书·敬宗纪》有:"扬州城内,旧漕河水浅,舟船涩滞,输不及期程。今从阊门外古七里港开河,向东屈曲,取禅智寺桥,东通旧官河,计长一十九里。"刘商写有"醒来还爱浮萍草,漂寄官河不属人"的诗句。可见官河是扬州一条重要的水路交通线。韦庄《过扬州》也有"二十四桥空寂寂,绿杨摧折旧官河"句,意思是当日繁华一时的扬州,已今非昔比,显得冷冷清清、凄凄凉凉,二十四桥之上空空荡荡,十分寂寥;隋炀帝开凿的运河,昔日绿柳成荫、杨花拂面,而今却被摧残得不成样子。另一条南北向运河比官河要窄一半,宽约15米,直对子城东濠,纵贯宋大城南、北两门。东西向的运河紧邻蜀冈与古邗沟交汇东去。这三条河道目前已被考古发掘所证实。在这些河道两岸区域，考古学家发现有较为丰富的唐代文化堆积层及许多重要的唐代遗迹和遗物。除了水路交通外，罗城还有南北向大街6条、东西向大街14条，主要的大街都是直接连通城门。街道与纵贯南北、横贯东西的河道相平行，由此形成水陆并行、纵横交错的交通网络。

这种水陆交通网络把罗城分割成许多里坊。从出土的唐人墓志来看，扬州的里坊分别由江都、江阳、扬子三县管辖。

里坊的命名，除了蜀冈里等少数以所在地为名外，绝大多数里坊的名称都是以儒家思想的要求为标准，蕴含推行教化的美好含义。这些坊名有些与长安、洛阳的坊同名，如：与长安同名的有布政坊、怀德坊、太平坊、通化坊、兴宁坊等，与洛阳同名的有仁凤坊、永丰坊、道化坊等。从这些坊名来看，扬州里坊可能受到两京的影响。

在城墙范围内，江阳县管辖扬州城内官河以东的里坊，如瑞芝里、布政坊、崇儒坊、仁凤坊、延喜坊、文教坊、庆年坊、通化坊、孝孺坊、瑞改里、集贤里、来凤里、太平坊、会义坊等。其中，瑞芝甲出现于大历《李举墓志》："大历十三年（778）腊月廿一日，（李举）卒于惟扬瑞芝私第。"还有大和《徐刘氏墓志》："大和八年（834）岁次甲寅四月廿一日，徐府君终于扬州江阳县瑞芝里第。"开成《张汜墓志》："洎开成三年（838）十月廿五日遘疾，终于扬州江阳县瑞芝里第。……即以其年十一月三十日殡于芜郭之东隅五阡原野。"布政坊出现在长庆《颜永墓志》及大和《高诚墓志》、《王仁遏墓志》等记载中。崇儒坊出现于贞元《来田氏墓志》，元和《刘张氏墓志》《张仕济墓志》《刘通墓志》。仁凤坊记载于贞元年间的《李崇墓志》、大中《刘举墓志》、大中《董氏内表弟墓志》、咸通《韩暨墓志》、广明《元顼墓志》等。延喜坊在《李刘氏墓志》中有记载。文教坊则在《张弼墓志》中有记载："（张弼）不幸于咸通十一年（870）十二月九日遘疾终于扬州江阳县文教坊之私舍。"庆年坊记载于《吴卫氏墓志》。孝孺坊出现在元和《李彭氏墓志》："（李彭氏）以元和五年（810）八月一日终于江阳县孝孺坊之私第。"集贤里出现在天宝《裴韦氏墓志》中："（裴韦氏）医药无助，于天宝八载（749）六月二十五日奄终扬州江阳县集贤里私第，……葬在城东嘉宁乡之平原，礼也。"会义坊出现在《臧遏墓志》《张吴氏墓志》《张封氏墓志》等墓志中。

江都县管辖扬州城内官河以西的里坊，如赞贤里、会通坊、通闉坊、安邑里、崇义坊、怀德坊等。其中，赞贤坊在墓志中出现较多，《贾瑜墓志》《毛邹氏墓志》《陈氏季女墓志》《洪张氏墓志》《董氏内表弟墓志》《田府君墓志》等均有记载。通闉坊出现于《刘丁氏墓志》："（刘丁氏）以咸通二年（861）八月五日终于扬州江都县通闉坊私第。"乾符《傅董氏墓志》记载："洎乾符五年（878）七月廿七日，遘疾终于扬州江都县通闉坊之私舍。"怀德坊出现在《姚嗣骈墓志》："终于东都怀德坊之私第。"

由于扬州是一个商业化程度较高的城市，随着商业和手工业的发展，里坊的建设已突破城墙的限制。在这一方面，扬州的发展是西京长安和东都洛阳所无法比拟的。扬州罗城城郊的里坊主要设置在古运河沿线和驿道近旁较为繁华的地区。罗城东郊运河南岸属于江都县的里坊有弦歌坊、道化坊、临湾坊，北岸属于江都县的有章台乡和归义乡；罗城西郊，属于江都县的有来凤坊，属于扬子县的有凤亭里。

其中，道化坊是唐代扬州江阳县城东偏北的一个大坊，大致位于今扬州市城东乡沙口村一带。《李崇墓志》《周徒墓志》《蔡张氏墓志》《傅董氏墓志》《孙绥墓志》《僧大德塔铭并序》《张康墓志》等均有记载。坊内有长生禅寺，乾元《大唐长生禅寺僧本智塔铭并序》记载："乾元二年己亥四月十六日，（僧本智）归寂于扬州江阳县道化坊之长生禅寺。"临湾坊内距城十里之原有唐人墓群，称为临湾（坊）之原。《千唐志斋藏志》中的《窦氏墓志》记载："以贞元三年（787）五月廿日，终于广陵郡太平里之私第，……即以其年六月三日权厝于郭东北一十里临湾之原。"《田佚及妻合祔志》《李辞墓志》等都记载了临湾之原。来凤里在江都城南，天宝《裴阳氏墓志》、大和《韦郑氏墓志》、大中《万夫人墓志》及咸通《邓瑫墓志》《任玄墓志》等记载了来凤里。章台乡内有鸣琴里，著名的禅智寺就在鸣琴里内。《千唐志斋藏志》中的《崔李氏墓志》记载："遭祸于扬州，以礼许从宜，遂权殡于郡之西禅智寺。"元和《崔王氏墓志》也有："故博陵崔眘参戎夫人王氏终惟扬扬子官舍，……以其年其月二旬有六日，卜兆于广陵郡江都邑章台乡鸣琴里禅智寺之北地权窆焉。"凤亭里出现于《赵曧墓志》："贞元三年（787）……六月一日安厝于邗沟凤亭里之北原，礼也。"

同样，由于工商业的发展，扬州的市场与西京长安和东都洛阳也不相同。长安和洛阳的市场是由政府建设，将大部分商业行为集中在一起；而扬州则不然，它没有政府划拨的固定区域，市场是沿街布设的，并且和里坊相连，有"十里长街市井连"之称。当时最繁华的是罗城的两条十里长街：一条东西走向，自禅智寺（城东墙北段外）月明桥抵西水门一带，长约4.4千米；另一条商业长街与官河平行，呈南北向，起于罗城北壁，一直到南门，长约4.2千米。贞元年间，侨寄衣冠工商业者于十里长街上侵衢造屋，严重阻塞交通，行旅为之拥弊。张祜"十里长街市井连，月明桥上看神仙"，韦应物"夹河树苍苍，华馆十里连"，杜牧"春风十里扬州路"，指的就是这十里长街。与此同时，扬州的市场也扩展到郊外，尤以运河沿线最为繁华。

　　由这些商业街的布局可以看出，与西京长安和东都洛阳相比，扬州的市场已经突破了围墙的限制，由封闭状态转变为开放状态。不仅如此，市场还突破了城墙的限制，随着运河延伸到城外，形成繁华的居民区和工商业区。没有了围墙限制的市场，也突破了时间的限制，夜市兴盛起来。高彦休《唐阙史》记载："扬州，盛地也。每重城向夕，倡楼之上，常有绛纱灯万数，辉耀罗列空中，九里三十步街中，珠翠填咽，邈若仙境。"说明唐代扬州夜生活的喧闹。

　　关于扬州夜市的诗句有很多，如李绅《宿扬州》有："夜桥灯火连星汉，水郭帆樯近斗牛。"意思是：夜晚桥梁上的灯火亮得接连着天上的星光，城外河水中游船上的桅杆高得接近斗牛星。王建的《夜看扬州市》也描写了扬州夜生活的繁荣："夜市千灯照碧云，高楼红袖客纷纷。如今不是时平日，犹自笙歌彻晓闻。"大致意思是：夜市里千盏灯火在闪耀，光照半空；高楼上歌舞升平，客人络绎不绝。可如今并不是快乐和平的日子，有些人却只顾享乐，一味追求繁华。张祜《庚子岁寓游扬州赠崔荆四十韵》有："月明街廓路，星散市桥灯。"这些诗句，都是对唐代中后期扬州夜市繁荣景象的描述。

唐代的城市普遍实行里坊制度及相关管理制度，把居民区（里坊）和商业区（市场）设置在比较封闭的坊墙、市墙中，坊门、市门依时启闭，实行宵禁。但是，文献记载的唐代扬州城繁华的长街和夜市，说明晚唐时期扬州与长安、洛阳等城市在城市布局方面有一定的区别。这可能有以下三个原因：第一，扬州经济在中晚唐时期的迅速发展，导致封闭的市场制度已经被突破，不能再束缚和限制扬州的商业发展了；第二，唐代扬州的子城、罗城不是统一规划、一次建成的，城市规模的发展有其自发性和成长性，所以，城市内部没有事前规划好的功能分区是可以理解的；第三，虽然城市道路尽可能平整，但是由于水道纵横，如果依据水道形势，则无法人为地设置封闭式的坊墙。

扬州里坊内的住宅颇具特色。扬州房屋的分隔方式很特别，一般有一道珠帘，"卷上珠帘"就隔绝了屋内与屋外，造成了很大的落差，也留给了人们许多的想象。杜牧有诗："春风十里扬州路，卷上珠帘总不如。"这是心理的落差，诗人的目光从帘外看向帘内。珠帘之外，扬州一片富丽豪华气派，十里长街，车水马龙，花枝招展；珠帘之内，无数红衣翠袖，可我心中"娉娉袅袅十三余，豆蔻梢头二月初"的她在哪里呢？窦常有诗："今日卷帘天气好，不劳骑马看扬州。"这是景象的落差，在这句诗里，诗人的目光是从帘内看向帘外的。珠帘之内，觥筹交错，诗酒唱和，一派热闹景象；珠帘之外，碧空弯月，夜色朦胧，城市建筑笼罩在扬州月色之中，一片幽静。

扬州的住宅有水有树。李白有诗："绿水接柴门，有如桃花源。忘忧或假草，满院罗丛萱。暝色湖上来，微雨飞南轩。"门前紧挨绿水，满院遍植花草，令人忘却人间烦恼，以为进入了桃花源。日色暝幽，微雨洒拂，飘飘忽忽，真有羽化欲仙的感觉。唐代传奇中，"南柯一梦"就发生在扬州的住宅。家住广陵（扬州）的淳于棼"宅南有大古槐一株，枝干修密，清荫数亩"，淳于棼多喝了几杯，躺在槐树下做了一个梦：在大槐安国当南柯太守、当驸马、建功立业并屡受排挤的一生。

三、栖灵宝塔凌苍苍

扬州佛教兴起较早,尤其是隋文帝时期晋王杨广镇江都时,大兴佛事,促进了扬州地区佛教的发展。

扬州在佛教史上有一件非常著名的大事——鉴真东渡。向日本传教的鉴真和尚就住在扬州大明寺。扬州大明寺位于江苏省扬州市蜀冈的中峰之上,初建于南朝宋孝武帝大明年间(457—464),所以称为"大明寺"。隋文帝仁寿元年(601),杨坚过六十大寿,下诏在全国30个州内立30座佛塔来供奉佛骨舍利,其中一座佛塔就建在大明寺内,称"栖灵塔",塔高九层,巍峨壮观。因塔成名,大明寺又被称为"栖灵寺";同时,由于大明寺在隋代江都宫、唐代子城以西,还被称为"西寺"。栖灵塔是扬州著名的登临胜地,许多诗人都在这里留下了千古绝唱。天宝八载(749),李白第二次游扬州,就登临了大明寺栖灵塔,并写有《秋日登扬州西灵塔》诗:

宝塔凌苍苍,登攀览四荒。

顶高元气合,标出海云长。

万象分空界，三天接画梁。

　　水摇金刹影，日动火珠光。

　　鸟拂琼帘度，霞连绣栱张。

　　目随征路断，心逐去帆扬。

　　露洗梧楸白，霜催橘柚黄。

　　玉毫如可见，于此照迷方。

这首诗以李白一贯豪放和夸张的气派写出了栖灵塔的磅礴气势与恢宏壮观：

宝塔高高直指苍穹，登上绝顶饱览风光。

塔顶与天空相融，在海云之上。

地面的万物与天际分界清晰，三层天相接高塔的画梁。

湖水把金色的古刹与塔影袅袅摇晃，太阳移动会散发出火球燃烧一样的耀眼光芒。

飞鸟穿过琼玉的珠帘，彩梁拥抱明媚的霞光。

目光追随远去的大路，心思把离别的船帆依傍。

秋露把梧桐和楸叶洗白，寒霜把柑橘和柚子催黄。

隐约中看到了玉白的毫毛，刹那间照亮世界的迷茫。

高适在唐肃宗至德元载（756）十二月任淮南节度兼采访使，在扬州一年有余，乾元元年（758）离任，回到京师就任太子詹事。在扬州期间，高适作有《登广陵栖灵寺塔》："淮南富登临，兹塔信奇最。直上造云族，凭虚纳天籁。迥然碧海西，独立飞鸟外。始知高兴尽，适与赏心会。连山黯吴门，乔木吞楚塞。城池满窗下，物象归掌内。远思驻江帆，暮时结春霭。轩车疑蠢动，造化资大块。何必了无身，然后知所退。"这首诗气象宏阔，寄兴深微，可以跟李白的《秋日登扬州西灵塔》并驾齐驱。

宝历二年（826），白居易与刘禹锡在历经坎坷之后相逢于扬州，二人都已经55岁了，他们共登栖灵塔，互有唱和诗。刘禹锡写了《同乐天登栖灵寺塔》："步步相携不觉难，九层云外倚阑干。忽然笑语半天上，无限游人举眼看。"白居易以《与梦得同登栖灵塔》相和："半月悠悠在广陵，何楼何塔不同登。共怜筋力犹堪在，上到栖灵第九层。"写出了刘、白二人一生相互扶持、相互提携的坚贞友情。

栖灵塔在唐武宗会昌三年（843）被火烧毁，有人认为是第二年大规模毁佛的前兆。由于栖灵塔屹立于蜀冈二百多年,已经是扬州一大名胜,一夕之间被火焚毁,时人非常痛惜,于是出现了与栖灵塔相关的神话传说:据说当时的淮南名士刘隐之正在四明(浙江宁波境内)游历,有一晚梦见自己泛舟海上,海上有一塔向东而去。塔的第三层上有一名和尚在凭栏远眺,他告诉刘隐之:"我要暂时把这座栖灵塔送过东海。"刘隐之回到扬州,就到大明寺看栖灵塔,并且把自己的梦告诉众僧。过了几天,塔就失火了,但是据说这场大火很有灵性,"天火焚塔俱尽,白雨倾澍,旁有草堂,一无所损"。其实,栖灵塔被焚毁,从文献分析来看,就是因为僧人的不小心导致的,与"天火"无关,更不是毁佛的前兆。

鉴真东渡是大明寺历史上的一件大事,也是佛教传播史上的一个重要转折点。唐玄宗天宝年间,高僧鉴真任大明寺住持,在大明寺弘法。日本僧人荣睿、普照在唐王朝学法十年,倍感日本佛法的欠缺,力邀鉴真大师东渡日本弘扬佛法。鉴真大师欣然答应。唐玄宗天宝二载(743),大师首次筹划东渡日本。其后历经十年艰险,先后五次失败，终于在天宝十二载，也就是日本天平胜宝五年（753），东渡日本成功。鉴真大师为弘扬佛法，也为中日友谊揭开了新的篇章。

唐代扬州大明寺除了栖灵塔是登临胜地之外，还有闻名江南的泉水。中晚唐时期，饮茶之风盛行，饮茶之事也就越来越考究，茶的品种、炮制、煎法、用水等，都成为人们感兴趣的话题。茶圣陆羽活动在唐玄宗天宝到唐德宗贞元年间，他凭着自己丰富的经验，写成《茶经》，更令人趋之若鹜。晚于陆羽的张又新，在唐宪宗元和九年（814）中进士第一名，他写的《煎茶水记》，评定了扬州和吴中的七种水，认为扬州大明寺的泉水居第五。

晚唐人冯子休撰写的《桂苑丛谈》也有关于扬州大明寺泉水的记载：令狐绹在唐懿宗咸通三年（862）出任淮南节度使，到大明寺游玩，在前壁看到一段话："一人堂堂，二曜重光。泉深尺一，点去冰旁。二人相连，不欠一边。三梁四柱烈火燃，添却双钩两日全。"众人看得目瞪口呆，不知是什么意思。其中，支使班蒙聪慧，猜到这是一首字谜诗："一人"为"大"字；"二曜"指日月，为

"明"；"尺一"指的是一尺的十分之一，"寸土"合而为"寺"；"冰"字去点为"水"；"二人"是"天"；"不"去掉一边，是"下"字；"三梁四柱"被烈火焚烧，没有了，为"无"字；添却双钩两日全，为"比"字。这几句题词，每句都暗含一字，合起来为"大明寺水天下无比"。这反映了当时人们对大明寺泉水的高度评价。

唐代扬州还有一座著名寺庙——开元寺。开元寺源于南朝长乐寺，隋炀帝时改称为"长乐道场"，武则天称帝后改称"大云寺"，唐中宗复位后又改称"龙兴寺"，唐玄宗开元年间定名"开元寺"。开元寺位于罗城内参佐桥之北，寺址原在今扬州城北蜀冈山脚下。这座寺庙也与鉴真和尚有关。鉴真是江阳县人，14岁（701）到这里礼佛，入寺见到佛像，心生感动，因此请求出家，拜智满禅师为师，学习佛法。直到20岁时（707），鉴真才离开这里，"杖锡东都，因入长安"。可以说，鉴真的青少年期都是在这里度过的。不畏艰险、始终跟随鉴真东渡的思托和尚，就是在这里出家的。日本的留学僧圆仁，在唐文宗开成三年（838）到扬州，就在开元寺学习。寺的规模很大，由山门、大雄宝殿、观音阁、南楼、东塔等组成，高大宏伟，凝重端庄。寺名由大书法家李邕题写。卢纶有诗句"过雨开楼看晚虹，白云相逐水相通"，刘长卿也写有"空堂来霜气，永夜清明灯"，以及罗隐的"江蹙海门帆散去，地吞淮口树相依"，都勾勒出长江岸边开元古寺的优美景色。

禅智寺，最初为隋炀帝的行宫，后来隋炀帝舍宫为寺，成为隋唐时期著名寺院。唐禅智寺在扬州使节衙门东三里处，位于章台乡鸣琴里。这里风景优美，又极其幽静。杜牧有《题扬州禅智寺》诗："雨过一蝉噪，飘萧松桂秋。青苔满阶砌，白鸟故迟留。暮霭生深树，斜阳下小楼。谁知竹西路，歌吹是扬州。"描写了禅智寺的幽静。贞元年间的《田佚墓志》有记载："贞元三年（787）七月七日（田佚）告终于江都县赞贤坊之私第，……即以其年八月四日归葬于江都县山光寺南原之茔，礼也。"其中，山光寺就在禅智寺西。张祜《纵游淮南》有"人生只合扬州死，禅智山光好墓田"的诗句，赞美山光寺、禅智寺一带风景优美，是唐人向往之地。

四、青园桥东樱桃园

与成都一样，由于温度较高，降水较多，扬州花草树木繁茂，四时水景丰饶。在新罗人崔致远的眼中，扬州的四季景观是这样的：春天，"花铺露锦留连蝶，柳织烟丝惹绊莺"，草长莺飞，鸟语花香；夏天，"藜杖夜携孤屿月，苇帘朝卷远村烟"，水天月色，远村含烟；秋天，"远树参差江畔路，寒云零落马前峰"，山峰含翠，远树参差；冬天，"僧寻泉脉敲冰汲，鹤起松梢摆雪飞"，雪压松梢，泉水凛冽。

因为风光秀丽，扬州园林盛景也很多。隋炀帝在扬州大造离宫别馆，既有崇殿峻阁、复道重楼，又有风轩水榭、曲径芳林，把皇家建筑与山水园林巧妙地结合起来。"炀帝春游古城在，坏宫芳草满人家"，说明到唐代时期隋宫仍在。

从杜牧的"天碧楼台丽"、姚合的"园林多是宅"的诗句中，我们可以想见唐代扬州园林之盛。唐代扬州寺园、宫园特别多，私园兴起。唐李复言撰写的《续玄怪录·裴谌》提到，贞观年间有一个大药商叫裴谌，在扬州二十四桥之一的青园桥东有一座樱桃园，这座私人园林"楼阁重复，花木鲜秀，似非人境，烟翠葱茏，景色妍媚，不可形状"。

　　唐代末年，高骈被免去淮南节度使一职，任盐铁转运使。他花费巨万，穷极奢靡，建造了迎仙楼。延和阁是迎仙楼的重要部分。唐僖宗中和三年（883），高骈建筑的延和阁竣工，为了树碑立传，命顾云"谨撰碑词"。在延和阁内，高骈陈列了大量的漆器、玉器、金银器等，非常豪华奢丽。高骈《春日招宾》诗提到了延和阁："花枝如火酒如饧，正好狂歌醉复醒。对酒看花何处好，延和阁下碧筠亭。"描写了在延和阁卜昼卜夜、狂歌醉酒的奢靡生活。诗人罗隐作《题延和阁》："延和高阁势凌云，轻语犹疑太一闻。烧尽余香无一事，开门迎得毕将军。"前两句诗极尽夸张，描写延和阁气势凌云，由此也可看出延和阁建筑之高。

第二节　蜀冈之上江都宫

隋唐时期，扬州是南北粮、草、盐、钱、铁的运输中心和海内外交通的重要港口，曾为都督府、大都督府、淮南节度使治所，领淮南、江北诸州。作为贸易交通的重要港口，扬州专设司舶使，经管对外贸易往来。因此，扬州的宫室、署衙是重点建设的对象。

扬州经隋、唐、宋留下的遗址位于今江苏省扬州市西北蜀冈上，总面积约 16 平方千米，是保存较好的古城遗址之一。

蜀冈是古代扬州城的最早发源地。《左传》记载："鲁哀公九年，吴城邗沟通江、淮。"鲁哀公九年是公元前 486 年，吴王夫差为北上伐齐，在长江北岸的蜀冈下开邗沟运河，在蜀冈上筑邗城，史称"设守备，实仓廪，治兵库"。这是最早的有关扬州建城的文字记载。

公元前 473 年，吴被越所灭；公元前 334 年，楚吞越，此时的邗城已是一片废墟；公元前 319 年，楚国在旧址重新筑城，因当地"广被丘陵"，史称"广陵"。

　　隋文帝开皇八年（588）十月，晋王杨广为行军元帅，率军进攻陈朝。开皇九年，诏改吴州为扬州，晋王为扬州大总管，除因国家有大典、大事朝京师之外，长期住在扬州，直到开皇二十年（600）被立为皇太子后才离开。大业初，扬州改为江都郡。隋炀帝在位时期，多次巡幸江都，在这里大建宫室，史称隋宫，又称江都宫。《大业杂记》记载："又敕扬州总管府长史王弘大修江都宫。又于扬子造临江宫，内有凝晖殿及诸堂隍十余所。"关于江都宫的位置，有人认为在扬州城北，如《寿春图经》有："隋十宫在江都县北长阜苑内，依林傍涧，因高跨阜，随地形置焉。"有人认为在扬州城南，如《嘉庆一统志》："扬州府古迹，临江宫在江都县南二十里。"其实，江都宫有狭义、广义之分。广义的江都宫，应该是隋炀帝在江都修建的宫殿群，散布在蜀冈四周。

　　其中，在当时江都郡城北七里大仪乡境内有成象殿，为宫廷正殿，规模宏丽，是举行大型典礼之处；在城北五里长阜苑内筑十宫，上述《寿春图经》记载了隋代十宫的名称:"归雁宫、回流宫、九里宫、松林宫、枫林宫、大雷宫、小雷宫、春草宫、九华宫、光汾宫,是曰十宫。"城南十五里扬子津建有临江宫,又称扬子宫,这里有凝晖殿,是眺望大江景色的地方,隋炀帝常在这里眺望美景、大宴群臣。城东五里建筑了新宫,在禅智寺附近。而江都最豪华的宫殿群是位于城西北的著名"迷宫",因为千门万户,复道连绵,洞房亘互,回望若一,进入其中会令人意夺神迷,不知所往,所以称之为"迷宫"。据《南部烟花录》记载,迷宫里有四座宝帐,分别为散春愁、醉忘归、夜含光、延秋月,都是集多种宝物而成的珍宝。宫室之外还有城西的上林苑、萤苑。这里的上林苑不是秦汉时期渭河以南的上林苑,而是用"上林"之名称之的位于江都的皇家苑囿,为驰猎之场;萤苑则是夜晚放萤火虫的所在,秋夜出游,不依赖灯火,而是聚萤放之,夜风习习,花香袅袅,荧光点点,水声阵阵,真是莫大享受。

隋炀帝有《江都宫乐歌》,表达了对江都宫的喜爱与留恋:

扬州旧处可淹留,台榭高明复好游。

风亭芳树迎早夏，长皋麦陇送余秋。

渌潭桂楫浮青雀，果下金鞍跃紫骝。

绿觞素蚁流霞饮，长袖清歌乐戏州。

由于江都宫特殊的行宫地位，隋炀帝在此地多方游玩，在诗里描写了在江都宫的美好生活，抒发了他在江都宫中游乐的心情。

和秦始皇的阿房宫一样，隋炀帝的江都宫成为后人想象和搜索的对象。李商隐有《隋宫》一诗：

紫泉宫殿锁烟霞，欲取芜城作帝家。

玉玺不缘归日角，锦帆应是到天涯。

于今腐草无萤火，终古垂杨有暮鸦。

地下若逢陈后主，岂宜重问后庭花。

诗的大意是：长安城闻名的太极宫在烟霞中锁闭，隋炀帝却希望把遥远的扬州作为帝业的根基。如果不是因为天命使得玉玺到了有龙凤之姿的李渊手里，隋炀帝的锦缎龙舟早就能驶遍天际。如今的腐草之中，隋炀帝玩乐的萤火虫早就绝了踪迹；隋堤上的杨柳枝，唯有暮鸦的聒啼。隋炀帝因荒淫而终至亡国，在黄泉路上如果遇到了他在开皇九年就灭掉的以荒淫著称的陈后主,还敢不敢把亡国名曲《玉树后庭花》重新提起?

李益写有《隋宫燕》,抒发了对人世沧桑的叹息,伤怀隋王朝的衰亡:

燕语如伤旧国春,宫花旋落已成尘。

自从一闭风光后,几度飞来不见人。

意思是:燕语呢喃声声,在伤感旧日的宫殿之春;宫花寂寞开放,凋落后化作泥尘。隋王朝亡国之后,这风光绮丽的宫廷被关闭了;燕子啊,你几度飞来都见不到人。

江都宫一带一直都有隋唐文物出土。至迟到清代,江都宫的残砖断瓦还经常被人捡到。而现代,江都宫遗址考古仍在进行中。汪勃《扬州城的城门考古》认为,江都宫的正门可能就在今堡城村十字街偏南的位置。通过调查得知,在江都宫城中轴线以南、十字街偏南的堡城南路西侧民宅下,有几个成列分布的大、小莲花柱础,可能与江都宫城正门附近的建筑基础有关。2015年扬州城考古队完成了相关考古发掘工作,发现了六朝时期的城门和道路遗存,确定了史籍记载中宇文化及兵变弑隋炀帝时提及的芳林门之所在，为江都宫城的探索提供了新线索。同时，在2015年的发掘工作中，发现城内西南隅有东西向道路、南北向道路，其中东西向道路为3条道路叠压，从其所处位置及遗址本身的特点来看，推测这附近应该有较大型建筑，或是探寻江都宫成象殿的线索。江都宫遗址的具体范围及其分布，考古人员仍在不断地探索与求证中。

隋炀帝三幸江都。大业元年（605），隋炀帝从东都洛阳首次下江都，这时江都宫还在建设之中，史书记载的隋炀帝在下江都路上的奢靡生活，主要体现在高大壮观的龙舟和所过州县的献食上。这是隋代政权强盛、国力雄厚的表现，也是生产技术达到一定水平的表现，同时也蕴含、滋生着严重的社会危机。

大业六年（610），隋炀帝二下江都。次年二月，他曾升钓台，临扬子津，大宴百官，因为这里风景绝佳，所以诏令建临江宫。

大业十二年（616）七月，隋炀帝三下江都，并于次年死于江都事变。从洛阳出发时，隋炀帝有赐留守宫女诗："我梦江都好，征辽亦偶然。"隋炀帝在江都的糜烂生活，《资治通鉴·唐纪一》有记载："隋炀帝至江都，荒淫益甚，宫中为百余房，各盛供张，实以美人，日令一房为主人。"隋炀帝不仅日日与百余房美女厮混，还卜昼卜夜、醉生梦死，"江都丞赵元楷掌供酒馔，帝与萧后及幸姬历就宴饮，酒卮不离口，从姬千余人亦常醉"。这时已经是隋代末年天下大乱、义军蜂起的时候，隋炀帝见天下危乱，也常常"扰扰不自安"。据记载，退朝后，他常常在江都宫里"策杖步游，遍历台馆，非夜不止，汲汲顾影，唯恐不足"。隋炀帝曾经揽镜自照，对随侍在侧的萧皇后说："这么一颗好头颅，以后会是谁把它割下呢？"然后又笑着说道："贵贱苦乐，更迭为之，亦复何伤！"可以说，隋炀帝看到天下大乱的情景，深感自己无力回天，所以在穷极荒淫中坐以待毙。在这种心态下，在美丽如画的江都宫中，不知道隋炀帝游乐时心中是否真的轻松。

大业十四年，隋炀帝 50 岁，终于祸起萧墙，江都之变爆发，将作少监宇文智及与郎将司马德勘、直阁裴虔通等人推举右屯卫将军宇文化及为主，煽动士兵，在傍晚时分杀入宫中。隋炀帝听到叛乱，仓皇改换服装，逃入西阁躲藏，但是，叛将裴虔通、元礼、马文举等人从宫女口中得知隋炀帝躲藏之处，迅速将他抓起来。隋炀帝责问叛将："我犯了什么罪，受到如此对待？"叛将们说："你穷兵黩武，游玩不息；穷奢极侈，荒淫无度；相信奸邪，拒绝忠言；使男子枉死战场，妇女儿童死于野外，百姓失去生计，天下大乱……"对这些指责，杨广没有否认，认为自己确实对不起黎民百姓，但是他没有亏待这些叛将，这些人跟他享尽了荣华富贵。后来，萧皇后哀求饶皇帝一命，叛将不允。最后，隋炀帝被勒死。

隋炀帝死后，萧皇后与宫人把木床撤掉床板，做了一口简陋的棺材，把他埋葬在西院流珠堂下。直到宇文化及离开江都北上之后，陈棱才召集部众，身穿缟素，为隋炀帝发丧，把流珠堂下的简陋棺材挖出，用宇文化及留下的帝辇、鼓乐等，筹备了一个简单的天子仪卫，将隋炀帝改葬于江都宫西吴公台下，其他被害王公大臣均列葬于坟墓两侧。《北史·陈棱传》记载，陈棱埋葬隋炀帝时"衰杖送葬，哀感行路"。唐高祖武德五年（622），诏令改葬隋炀帝于扬州雷塘。唐太宗贞观二十二年（648），萧皇后历尽波折，死于长安，唐太宗下诏复其皇后位号，谥"愍"，派三品官员用卤簿仪仗护送其棺椁至江都，与隋炀帝合葬。隋炀帝后事，到此结束。雷塘黄土一抔，留给后人凭吊。

扬州民间有一个"三打雷塘"的传说。据说，隋炀帝刚入土便雷电大作，暴雨如注，隋炀帝被暴尸于外。于是人们便在近处另行择地安葬，然而刚葬下，又是一个霹雳将他抛尸于外。再换个地方安葬，却又遭惊雷，这次没有翻尸倒骨，却将墓冢打没了。于是在扬州就形成上雷塘、中雷塘、下雷塘的地名。

200年后，晚唐诗人罗隐有《炀帝陵》："入郭登桥出郭船，红楼日日柳年年。君王忍把平陈业，只博雷塘数亩田。"这首诗感慨隋炀帝不能善始善终。隋炀帝十几岁时，率领大军打败荒淫误国的陈后主，从而统一南朝，可是到了晚年，却因荒淫而灭国丧身。又过了几年，另一位晚唐诗人皮日休开始反思隋炀帝的功过："尽道隋亡为此河，至今千里赖通波。若无水殿龙舟事，与禹论功不较多。"开凿运河利国利民，但是奢靡无度的生活却误国害民，隋炀帝的下场至今被人们从各个角度进行反思。到清代嘉庆十二年（1807），大学士阮元在雷塘为隋炀帝陵墓立碑建石，当时的扬州知府伊秉绶写下"隋炀帝陵"几个隶书大字。

2013年初，考古工作者在扬州邗江区西湖镇曹庄发现两座隋唐墓葬。其中1号墓是方形砖室墓，由主墓室、东西两座耳室、甬道、墓道共五部分组成。总体来看，墓葬规模较小，通长24.48米，东西连耳室宽8.22米，残高2.76米。墓室用砖与隋代江都宫城的砖是一致的。1号墓的墓志上清楚地写着"隋故炀帝墓志"等字样。除墓志外，墓中还出土了玉器、铜器、陶器、漆器等珍贵文物100余件（套）。其中，蹀躞金玉带是目前国内出土的唯一一套最完整的十三环蹀躞带，也是古代带具系统中等级最高的实物。四件铜铺首通体鎏金，兽面直径达26厘米，与长安大明宫遗址出土的铜铺首相比，大小接近。墓内还发现了两颗50岁左右男性的牙齿。2号墓是腰鼓形砖室墓，由主墓室、东西两座耳室、甬道、墓道共五部分组成，出土有玉器、铜器、铁器、陶瓷器、木漆器等200余件（套），陪葬品比1号墓要多。其中，玉器有白玉璋1件，质地莹润；铜器有成套的编钟 16 件、编磬 20 件，这是迄今为止国内唯一出土的隋唐时期编钟、编磬实物，对音乐考古的意义重大。2 号墓内保存有部分人骨遗骸，为一位大约 56 岁、身高约 1.5 米的女性遗骸。根据考古发现，并结合文献记载，判定 1 号墓主为隋炀帝杨广，2 号墓主为隋炀帝萧后。

唐高祖武德九年（626），扬州大都督府由丹阳（今南京）迁到今扬州蜀冈。扬州成了这里的专称，直到中唐时期，扬州城的城址依然在蜀冈之上，它的主要功能还是政治、军事城堡。高骈在蜀冈之下筑罗城之后，蜀冈之上的旧城被称为"子城"或"牙城"，子城与罗城相连，呈"吕"字形。扬州这种政治区与百姓生活区呈"吕"字形布局的方式，与西京长安、东都洛阳以及成都相比，是不同的。长安、洛阳、成都最初的政治区均在郭城之内，其中，长安的太极宫在郭城之内最北的中部，郭城、宫城的相对位置是"凸"形状，后来建造的大明宫在郭城之外的东北部；洛阳最初的洛阳宫在郭城的西北部，郭城、宫城的相对位置是"凹"形状，后来建设的上阳宫在郭城之外的西部偏北；成都的政治区在城市的中部偏北，相对位置是"回"字形。相比之下，只有扬州的政治区——蜀冈上的子城，与大城的相对位置是"吕"字形。

当然，从长安、洛阳、扬州、成都四座城市来看，唐代城市政治区的布局有一个共同点：尽量把政治区布置在城市北部。

唐代的蜀冈子城仍然是城市的中心，是官府、衙门的集中之地，唐代的扬州大都督府、淮南节度使署等官衙都在这里，还有淮南军营驻扎。

唐代子城沿袭隋之江都宫城，只在隋代城墙局部损坏的墙面上加以修补。子城为不规则曲尺型，实测南墙长度为1900米，北墙长约2050米，在这里曾发现有篆书阴文"北门壁"戳记的晋砖和楷书阳文的唐砖及莲花纹瓦当，东墙长1500米，西墙长约1400米，城周长约6850米，面积约2.6平方千米。城墙为土筑，仅城门及拐角附近用砖垒砌，夯土城垣的遗迹迄今保存完好，有的地段甚至高出地面10米左右。子城四周环以深壕，北城壕之外有一座土岗，岗外又有一条古河道。登上子城城墙，还可以俯瞰罗城，控制制高点。子城四面各开一门，城内设十字街贯通四门，其中，南北大街长 1400 米，东西大街长 1860 米，街宽 10 米左右。今遗址内的测字街村（应为"十字街"转音），正好是东西、南北两条中轴线交点。直到现在，东西向大道两端仍称东华门、西华门。南门是子城主要城门，唐代称为"中书门"，五代杨吴改称为"天兴门"。子城南门是通过二十四桥中的下马桥与罗城连接的城门，是子城与罗城之间的唯一通道，应该是唐代扬州城诸多城门中规格最高的一座城门，为"一门三道"结构，中间门道宽 7 米，两侧门道均宽 5 米。可以看出，整座子城城池坚固，易守难攻。

子城内的衙署多设在城的中部，今子城遗址中心偏北处有一方形遗址，可能是唐节度使府所在，也是隋以前的官署旧址。

唐文宗开成年间日本和尚圆仁所著《入唐求法巡礼行记》提到了扬州使节衙门，说唐禅智寺在扬州使节衙门东三里。那么，唐代扬州使节衙门的地点就大致位于今扬州禅智寺以西约三里处。

淮南节度使署也在扬州子城，是安史之乱后增设的。由于扬州"位冠侯藩之右，名兼卿相之崇"，淮南节度使成为唐代中后期东南八道之首，对唐政府有效控扼东南藩镇起了重要作用。

可以说，安史之乱后扬州迅速发展为东南重镇，成为中央政府的主要经济支柱。韦应物《广陵行》就描写了扬州的雄富景况："雄藩镇楚郊，地势郁岩峣。双旌拥万戟，中有霍嫖姚。海云助兵气，宝货益军饶。严城动寒角，晚骑踏霜桥。翕习英豪集，振奋士卒骁。列郡何足数，趋拜等卑寮。日宴方云罢，人逸马萧萧。忽如京洛间，游子风尘飘。归来视宝剑，功名岂一朝。"

唐僖宗广明元年（880）冬，农民起义军首领黄巢攻占长安，唐僖宗逃奔西川，在成都设行在。当时驻扎扬州的淮南节度使高骈曾两次请求唐僖宗巡幸江淮，后又请求唐僖宗迁都扬州。高骈给随驾宰相萧遘写信，力陈扬州能够作为都城的条件："淮南乃寰中俗富，阃外名高，喻为金瓯，永无罅缺，比于玉垒，实异繁华……则今日荆蜀灾星，未能退舍，吴楚福地，实可迁都。"高骈请求唐僖宗迁都扬州，虽然有他自己的政治私心，但在一定程度上也说明扬州有作为皇帝行在甚至作为都城的能力。

第三节 二十四桥明月夜

隋唐时代的扬州,繁华甲天下。在扬州的城市生活中,桥是必不可少的城市建筑。

扬州这座城市与水有着密不可分的关系。扬州地处运河和长江的交汇处,经常会有"扬州郭里见潮生"的景象。扬州城中有几条纵贯南北的运河,作为漕粮中转、商品往来和城市交通、供水的主干道。唐诗中对扬州的水色有很多描写,例如刘禹锡《杨柳枝》有"扬子江头烟景迷,隋家宫树拂金堤。嵯峨犹有当时色,半蘸波中水鸟栖",杜牧《寄扬州韩绰判官》有"青山隐隐水迢迢,秋尽江南草未凋",其他如"堤绕门津喧井市,路交村陌混樵渔""车马少于船"等更是司空见惯的场景。

有水便有桥,诸多的桥横跨于河面之上,联系陆路。如李绅《宿扬州》有:"夜桥灯火连星汉,水郭帆樯近斗牛。"罗隐《炀帝陵》有:"入郭登桥出郭船,红楼日日柳年年。"较为著名的是唐末诗人杜荀鹤的《送蜀客游维扬》，诗中提到扬州桥上的月色："见说西川景物繁，维扬景物胜西川。青春花柳树临水，白日绮罗人上船。夹岸画楼难惜醉，数桥明月不教眠。送君懒问君回日，才子风流正少年。"你们天天说成都景色秀丽，却不知道我们扬州的景色比成都更好。繁花翠柳倒映水中，穿红戴绿的人们在船上赏景。在画船上看两岸风光，醉倒众人；在绣桥上欣赏月色，让人无眠。我今天送你们去扬州，不想问归期，到那里尽情游玩，不枉风流少年。

唐代扬州的桥是重要的城市建筑，桥上桥下都浸透着唐人对于城市细节和城市生活的关注。关于扬州的桥，有一种说法叫作"二十四桥"。《重修扬州府志》卷八有："（扬州）危楼九曲，珠帘十里，二十四桥风月尤为东南佳丽。舟楫四达，民殷物阜，冠盖东南而人才地产随之。"唐代诗人杜牧有："二十四桥明月夜，玉人何处教吹箫。"这是"二十四桥"最早的出处。诗因桥而咏出，桥因诗而闻名。唐末五代诗人韦庄《过扬州》诗也提到了二十四桥："当年人未识兵戈，处处青楼夜夜歌。花发洞中春日永，月明衣上好风多。淮王去后无鸡犬，炀帝归来葬绮罗。

二十四桥空寂寂，绿杨摧折旧官河。"

二十四桥，自古以来就有三种不同的说法。

第一种说法，认为二十四桥就是一座桥，名字就叫作"二十四桥"。宋代姜夔在1176年所写的《扬州慢》有"二十四桥仍在，波心荡，冷月无声"句，可见姜夔认定二十四桥是一座桥。清代李斗《扬州画舫录》说：二十四桥就是吴家砖桥，还叫作"红药桥"。《扬州鼓吹词序》记载："（二十四桥）因古之二十四美人吹箫于此，故名。"这说明扬州有一座桥，名叫"二十四桥"。历史上的二十四桥早已颓圮于荒烟衰草。现在的扬州市有一座叫作二十四桥的长桥，在瘦西湖西，这座桥长24米，宽2.4米，栏柱24根，台级24层，处处都与二十四对应。相传二十四桥名字的由来与隋炀帝有关。隋炀帝的游船到了扬州西郊，看到一座小桥，皇帝随口问道：这桥叫什么？大家都不知道。一个妃子就说了："船上妃子二十三人，为二十三娇，就给桥起个名字，叫二十三桥吧。""娇""桥"二字不仅发音同韵，而且字形的右半部分也相同。这时有人提醒，应为二十四娇，因为有个妃子怀孕了。由此,这座桥就叫二十四桥了。

第二种说法,二十四桥就是24座桥。沈括《梦溪笔谈·补笔谈》:"扬州在唐时最为富盛……可记者有二十四桥。最西浊河茶园桥,次东大明桥(今大明寺前)。入西水门有九曲桥(今建隆寺前),次东正当帅牙南门有下马桥,又东作坊桥。桥东河转向南有洗马桥、次南桥(见在今州城北门外),又南阿师桥、周家桥(今此处为城北门)、小市桥(今存)、广济桥(今存)、新桥、开明桥(今存)、顾家桥、通泗桥(今存)、太平桥(今存)、利园桥。出南水门有万岁桥(今存)、青园桥。自驿桥北河流东出有参佐桥(今开元寺前),次东水门(今有新桥,非古迹也),东出有山光桥(见在今山光寺前)。又自衙门下马桥直南有北三桥、中三桥、南三桥,号'九桥',不通船,不在二十四桥之数。"(括号内引文为沈括自注)

这段记载有可商榷之处。从数量上来说,仅记二十一桥;从名称来看,宋代王象之《舆地纪胜》有:"扬州府二十四桥,隋置,并以城门坊市为名。"而沈括《梦溪笔谈·补笔谈》所列桥名,如茶园桥、作坊桥、周家桥、南桥、新桥、顾家桥等,都不像是唐代的城门和坊市名称,而更近似于随口叫出的俚语俗名。

但是,据俞平伯先生考证,认为对《梦溪笔谈》的断句有误。因此,这里沈括确实记载了二十四座桥,其名称是:1.浊河桥;2.茶园桥;3.大明桥;4.九曲桥;5.下马桥;6.作坊桥;7.洗马桥;8.南桥;9.阿师桥;10.周家桥;11.小市桥;12.广济桥;13.新桥;14.开明桥;15.顾家桥;16.通泗桥;17.太平桥;18.利国桥(沈括写为"利园桥",俞平伯据《扬州画舫录》改为利国桥);19.万岁桥;20.青园桥;21.驿桥;22.参佐桥;23.东水门桥;24.山光桥。

第三种说法,"二十四桥"是许多座桥的意思。杜牧诗常用数字,除"二十四桥明月夜"之外,还有大家熟知的"南朝四百八十寺""十年一觉扬州梦"等,都是概而言之。扬州水乡,当然桥也多,这是毋庸置疑的。而且,在唐诗中经常出现的禅智寺桥、月明桥、红板桥、朱雀桥、扬子桥等,都没有出现在沈括的记载中。

当然,沈括的记载为我们提供了一定的参考。

大明桥最临近唐城，沈括自注在大明寺前。古今寺址未变，大明桥的位置大体可定。

浊河茶园桥，是位于大明桥以西的桥。中晚唐时期，大明寺泉水天下无比，则大明寺西也可能有茶园，桥因园名。

九曲桥，距离西水门不远，这里有九曲池，为隋炀帝宫苑，鲜于侁《广陵杂诗序》云："炀帝奏乐于此也。"徐铉《稽神录》云："广陵有染人，居九曲池南。"九曲桥可能因九曲池而得名。

下马桥，据沈括记载在牙城南门，因为唐代扬州衙署建在蜀冈之上，冈下臣民到此必须下马，因此桥名"下马桥"。唐代罗隐《广陵妖乱志》记载：唐僖宗光启二年（886），诸葛殷"狱具，刑于下马桥南，杖至百余，绞而未绝。会师铎母自子城回家，经过法所，遂扶起避之，复苏于桥下"。2002年在牙城南门外发掘出下马桥遗址，横亘在宽阔的古邗沟上，长达150余米，根根桥桩依然坚固，蔚为壮观。

作坊桥，名字应该与隋唐时期衙城附近的作坊设置有关。据《资治通鉴·唐纪》，江都宫城东城之外有"草坊"。隋代末年，宇文化及和司马德勘等人在江都宫起兵作乱，灯火喧天，隋炀帝望而怀疑，问是怎么回事，裴虔通回答说："草坊失火了，人们正在救火。"这附近可能还有"钱坊"，武则天光宅元年（684），徐敬业在扬州起兵，"于是开府库，令士曹参军李宗臣就钱坊驱囚徒工匠"。考古钻探和试掘表明，子城东南确实有作坊遗存。1984年试掘，在铁佛寺西南探方内发现有炉灶、坩埚，附近曾先后出土过可用来铸造钱币和铜器的圆饼形大铜锭。在铁佛寺东北的探方内，发现有烧砖窑址和停放砖坯的场地。

洗马桥，考古工作者在古河道东侧杨庄旧庄台护庄小河南，勘探出宽约5米的古道路遗迹，是东西走向，与古河道呈垂直方向，则河道上应该有桥梁存在，由此可大体推断出洗马桥的遗址。

小市桥横跨在官河之上，又名宵市桥，是扬州著名的古桥之一。隋唐时代即有此桥，其桥址位置据史料记载无大变迁。新中国成立后小市桥多次扩建，如今已换上汉白玉的灵芝图案的栏杆，整天熙熙攘攘、车来人往。明末清

唐代扬州的桥

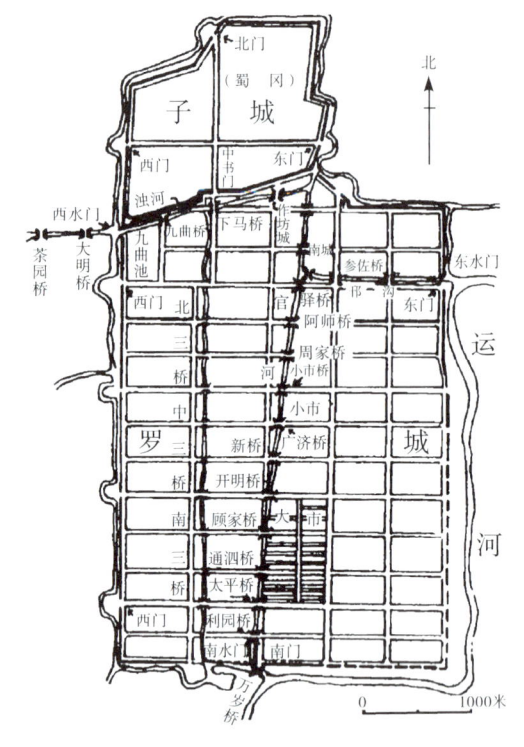

初的宗元鼎有《小市桥》诗："丰乐名存酒库荒,隋家遗迹堡城旁。河桥尚忆繁华夜,小市春灯煮百羊。"意思是：宋代出现的"丰乐"一词还存在着,可是宋代的粮库、酒库已成荒丘蔓草,不堪回首；沿着小市桥下的官河,可以寻找蜀冈之上隋代的遗迹。中唐时期,罗城建成后,小市桥置身于"夜市千灯照碧云""高楼红袖客纷纷"的繁华之中,元宵之夜,灯火辉煌,密集的人群一夜可消费"百羊"。

开明桥在四望亭处,其历史可以追溯到唐代。唐代时罗城的东西向长街与南北向十里长街在这里交会。自桥向东,一直可以到东城门,东门为日出之地,因此而得名开明桥,又名开门桥。

通泗桥位于毓贤街与汶河路交会处。通泗桥为唐代名桥之一，是一座横跨市河的木结构桥梁。

太平桥最早建于唐代，唐代名桥之一，是一座木结构人行桥。

万里桥。宋代的晁补之《扬州杂咏》云："双堤斗起如牛角，知是隋家万里桥。"万里桥在扬州城南，《扬州府志》说它"隋置久废"，但到宋代应该还在。

参佐桥，可能是以城门之名来命名的。罗城北门叫作参佐门。

月明桥。张祜《纵游淮南》有："十里长街市井连，月明桥上看神仙。"月明桥在禅智寺前。据说月明桥为唐代禅智寺住持演如大师捐资兴建的，跨浊河两岸，是拱形的石栏桥，一开始因此寺得名，为"禅智桥"。后来西域僧人禅山从京城长安东游扬州，踏访禅智寺。演如大师请禅山登桥观光，并为桥题名。禅山提笔之时，只见一轮明月已悬天空，令人不禁想起曹操《短歌行》中"月明星稀，乌鹊南飞"的诗句，于是挥毫写下"月明桥"三个遒劲大字。

唐代关于扬州桥的诗句很多,也有许多不确指的桥,如唐朝施肩吾《戏赠李主簿》诗有"不知暗数春游处,偏忆扬州第几桥",唐人张乔《寄维扬故人》诗中有"月明记得相寻处,城锁东风十五桥"。

第四章

益二成都

第一节　成都喧然名都会

与黄河流域的西京长安、东都洛阳和长江下游的商业重镇扬州相同,成都也是我国建城较早的历史文化名城之一,有深厚的历史底蕴。不同的是,与上述三座城市相比,成都是建城之后城址再无迁移的城市。这也在一定程度上说明成都的自然条件极其优越,正如任乃强先生《乡土史地讲义》中所谈到的:"若以四川盆地与黄土之黄河平原比,则无亢旱之虞;与冲积之江浙平原比,则无卑湿之苦;与三熟之广东平原比,则无水潦之患;与肥沃之松辽平原比,则无霜雪之灾。"

早在周代,这里就已经成为古蜀国的政治中心。到战国末年,秦占据蜀地,在这里开始兴建城墉。公元前310

年，张仪筑成都，修建大城，称"龟城"；后来张若继续修建，在大城西部筑少城。东晋，平夷少城。

隋唐时代是成都城市发展的一个重要时期。隋文帝杨坚派他的第四个儿子蜀王杨秀（573—618）镇守成都，杨秀在成都大城的西南增筑少城，"通广十里"。这座少城是在秦汉少城的遗址上修建的，面积大概比原来的少城要稍大一些。唐代安史之乱爆发，唐玄宗幸蜀避难，带动了成都城市经济的发展。在城市建设方面，唐玄宗敕建大圣慈寺，开始了在成都东南郊的建设。

在唐代，成都城市的扩建是在唐僖宗乾符三年（876），西川节度使高骈修建成都城池。由于成都平原土质松软，地下水层比较浅，所以，夯土筑城非常不容易。王徽《创筑罗城记》记载："惟蜀之地，厥土黑黎而又硗埆，版筑靡就，前人之不为。非不为也，盖不能也。"说明了夯土筑城的艰难。高骈让景仙和尚负责整个修筑工程的测量规划，自己以节度使之尊亲自指挥筑城。

这次筑城调集了成都附近八州十县的百万民夫，由各县令带领，分段承包筑城。当然，百万民夫不是每天全部投入建设当中，而是轮换施工，每天在建筑工地上有10万人参加筑城，10天轮换一次。因此，各县负担的人力比较均衡，力役较轻。这次筑城前后只用了96天，就修建起周长25里的罗城。为了使成都城更加坚固，罗城的城墙外表第一次使用砖砌，用砖量达到1550万块；为了获得如此多的砖，高骈下令将成都平原的古墓坟茔全都毁掉，取墓砖而筑城墙。城墙上修建了用于守城的城楼、库房、通道等，城墙顶部外面还加修了女儿墙，使成都的防御能力大增。城筑成后，高骈请巫师卜卦，得"大畜"吉卦，于是将罗城命名为"太玄城"。

高骈修筑罗城，为的是加强防御力量，因此得到了西川百姓的衷心拥护，"并无黎庶之怨嗟"。高丽人崔致远写诗赞叹："一心能感众心齐，铁瓮高吞剑阁低。多上散花楼上望，江山供尽好诗题。"顾云在《筑城篇》中也写道："三十六里西川地，围绕城郭峨天横。一家人率一口甓，版筑才兴城已成。役夫登登无倦色，馔饱觞酣方暂息。不假神龟出指踪，尽凭心匠为筹画。画阁团团真铁瓮，堵阔巉岩齐石壁。风吹四面旌旗动，火焰相烧满天赤。散花楼晚挂残虹,濯锦秋江澄倒碧。西川父老贺子孙,从兹始是中华人。"虽然这些诗句有些溢美之词,但是,高骈筑城确实为成都百姓提供了军事保护。

为了增加防御工事,高骈还在城区西北部修了縻枣堰堤,将在此处南流的郫江改道,使之向东流,环绕在罗城的北部,再回转向南,绕罗城东墙,然后在罗城的东南方向与流江汇合。这条改道的河流,当时称为"清流江"。清流江作为护城河,环绕罗城北、东两面。罗城西面的郫江原有故道为西城壕,流经罗城南部,与清流江在城东南汇合。这样,成都城墙外有了完整的护城河,从此正式形成"二江抱城"的格局。

罗城比原来的老城面积要大很多。据考证,罗城面积约为7.3平方千米,比原来的老城面积扩大了6倍,把少城包在里面,这种大城包小城的格局一直延续到了近代。当然,唐代成都7.3平方千米的面积与扬州罗城的13平方千米相比,只是扬州罗城的一半多一点,与东都洛阳郭城的47平方千米和西京长安外郭城的84平方千米更是无法相提并论,但成都也算是唐代规模较大的城市了。

罗城依二江而建，大体为方形，略呈东北—西南走向，这种走向与成都附近地形地貌是分不开的，和西京长安、东都洛阳的正南正北方向相比，也有一定差距。王徽在《创筑罗城记》中描述这座新筑的罗城：城内各种高超的建筑鳞次栉比，各种建筑的瓦檐飞阁凌空耸立，如偃如仰。当太阳升起时，全城笼罩在一片炫目的霞光中，望之"莫不神骇而气耸，目眙而魂惊"。

高骈所筑的罗城，据《读史方舆纪要》记载，共开 10 座城门，王文才先生考证为八门，有南面的万里桥门，西南的笮桥门，东面的大东门、小东门，西面的大西门、小西门，北面的太玄门、朝天门等。

其中，规模最大的城门是笮桥门，一门五洞，又称"五门"。如果记载属实，这种规模与西京长安、东都洛阳的城市正门规模相仿，比扬州一门三洞的城门规模要大一些。

可是，考古发掘与文献记载的一门五洞大不相同。1990 年 3 月，成都文物考古研究所于锦里西路（原人民南路）发掘出罗城的笮桥门遗址。这座门址与记载不同，是单门道，门道两侧各置一列条石，门墩是夯土外砌包砖形式，门扉为木质外包铁皮，并使用铁门钉，置于门道中间，向内开启。门道内堆积一些石灰片，有的外侧涂有红色。可以推测，当时门道内曾粉刷石灰，部分地方还用红

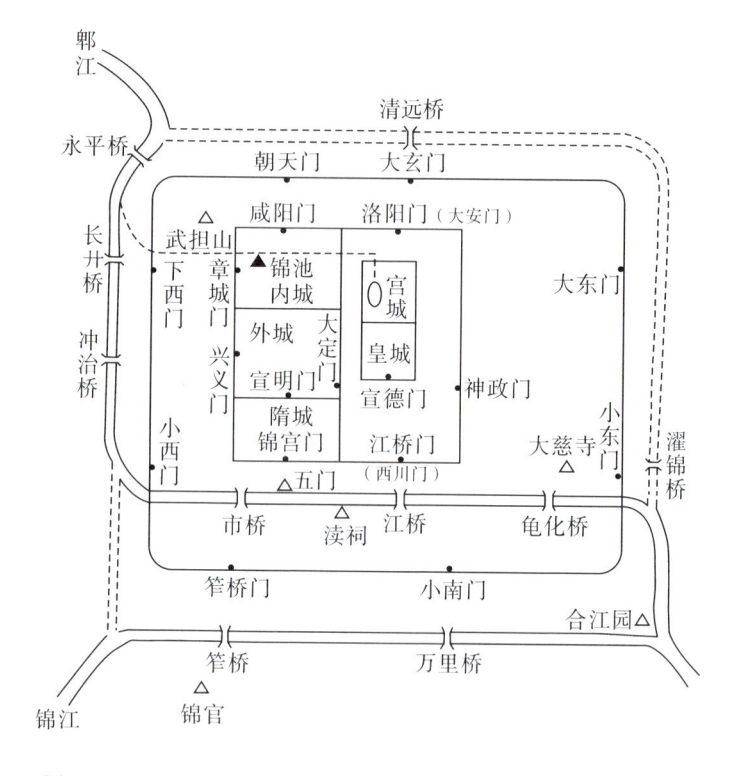

成都罗城图

彩装饰。这与《创筑罗城记》中"而墍碧涂，既丽且坚，则制磁饰"的记载相符。另外，还出土数块汉魏时期的墓砖，边侧模印联璧纹、菱形纹等，证实了高骈毁汉魏古墓、取墓砖而筑城墙的说法。

唐时成都有120坊，坊名大多已散佚不可考，但从唐人诗词典籍里，还可以看到一些保留下来的坊名和地名。

碧鸡坊，在万里桥附近，著名的女校书薛涛在此居住。公元832年秋，薛涛在成都碧鸡坊的吟诗楼内溘然长逝，享年52岁。杜甫有诗吟咏碧鸡坊："时出碧鸡坊，西郊向草堂。市桥官柳细，江路野梅香。"可见出碧鸡坊后向西就可到达市桥，再循流江岸就回到杜甫居住的草堂。

富春坊，在城东南的大圣慈寺附近，倡优杂戏，行医卖卜，商列贾次，多聚于此，尤其以卖酒闻名，著名的剑南烧春就出自这里。《岁华纪丽谱》记载，安史之乱前，唐玄宗看到京城长安上元节灯市辉煌，不禁感慨：不知其他地方灯市如何？道士叶法善就告诉他：成都灯亦盛。于是叶法善作法让唐玄宗在梦中到成都观灯，游玩之后还带唐玄宗到富春坊买酒喝。

龙池坊，有雕版印刷。1944年，成都出土了一件唐代雕版印刷的《陀罗尼经咒》，印有梵文及小佛像，经咒上有一行汉字：成都府成都县龙池坊卞家印卖咒本。

花林坊，又称梅苑，在城西浣花溪附近，这里风景秀丽，是著名的游乐区，前蜀时期，王建在这里建有别苑。

唐代成都四周环河，因此桥梁众多，最著名的是万里桥。万里桥位于成都城南锦江上，过了万里桥，就是万里桥门。唐玄宗幸蜀避难曾经过万里桥，所以元稹有诗"翠华南幸万里桥，玄宗始悟坤维转"；刘景复则用否定的笔法对唐玄宗进行了批评，也提到了万里桥："玄宗未到万里桥，东洛西京一时没。"薛涛脱乐籍后也曾在万里桥边居住，写过"万里桥头独越吟，知凭文字写愁心"，这是她当时孤独落寞的写照。晚唐的王建曾为薛涛写过"万里桥边女校书，枇杷花下闭门居。扫眉才子知多少，管领春风总不如"的赞美诗。万里桥是唐代商贾云集、水陆辐辏之地，张籍的《成都曲》描写了万里桥的市容："锦江近西烟水绿，新雨山头荔枝熟。万里桥边多酒家，游人爱向谁家宿。"意思是：锦江的水似烟般轻绿，雨后初霁的西郊挂着成熟的荔枝；万里桥边的酒家还具有客栈的功能，游人们啊，你们要住到哪一家去？

隋唐时期成都的手工业有了很大发展，经济实力跃居全国前列，与扬州"号为繁侈，故称扬益"。但实际上，"大凡今之推名镇为天下第一者，曰扬、益。以扬为首，盖声势也。人物繁盛，悉皆土著，江山之秀，罗锦之丽，管弦歌舞之多，伎巧百工之富，其人勇且让，其地腴以善熟，较其要妙，扬不足以俟其半"，在这些方面扬州远不如成都。

这一时期成都的纺织品闻名全国，"绫锦雕镂之妙，殆侔于上国"。成都的纺织品生产区主要集中在西南郊外的流江一带，这里水质较好，又便于濯锦，所以织锦作坊林立，甚至出现了生产优质美锦的专业街道"九璧村"。成都青羊宫附近，由于土质较好，有一座规模较大的瓷器作坊，这座瓷窑的范围，"东到青羊宫后院内，西南至青羊场，紧与成温公路（成都—温江）毗邻，隔南河与草堂寺相望，西接省医院，东北发展到新村、关棚，占地面积约十六万平方公尺以上"。唐代成都的造纸业也很发达，城西浣花溪、百花潭是城内主要造纸业所在的区域。据说，著名才女薛涛就是利用浣花溪的纸制成优雅浪漫的薛涛笺。薛涛笺的形制是小幅诗笺，主要颜色为红色。据记载，薛涛收集红色的鸡冠花、荷花及不知名的红色花瓣，捣碎成泥，加清水，得到红色的染料，再加进一些胶状物质调匀，用毛笔涂在纸上，将纸压平阴干。反复数次，做出红色纸笺。后来，还做出其他颜色的纸笺，统称"薛涛笺"。这些纸笺在当时风靡一时，更增加了薛涛的浪漫气质。

唐代成都的商业活动遍及全城，十分兴盛。中晚唐时期，成都的市场迅速由坊市制向自由集市发展，表现为两种形式：一种是临时性的交易市场，一种是定期集市。与长安、洛阳、扬州等城市相比，成都的固定市场比较多，有东市（在大圣慈寺一带）、南市（在成都西南）、新南市（在万里桥南面）、新北市、西市等。其中，南市为天宝年间的节度使章仇兼琼创置，在郫江之江桥北头，立阙为门，里面是行邸店肆，杜甫有诗："南市津头有船卖。"新南市在大城南面，也就是成都的东南，北临锦江，由唐德宗时期的西川节度使韦皋创置，"发掘坟墓，开拓通街，水之南岸，人逾万户，廛关楼阁，连属宏丽，为一时之盛"。新北市在晚唐开放，由唐僖宗时的节度使崔安潜创置，《道教灵验记》有："成都景云观旧在新北市内，节度使崔公置新市，迁于大西门之北。"东市和西市各在东、西门附近。成都的固定市场数量的增加，一方面表明中晚唐时期成都经济的突飞猛进，另一方面也说明唐代初期比较严格的市场管理制度到中晚唐之后逐渐松弛。

成都在商业方面比较有特色的是专业性的临时集市很多。每年从正月到十二月，几乎每月都有专业性的临时集市：正月灯市，二月花市，三月蚕市，四月锦市，五月扇市，六月香市，七月七宝市，八月桂市，九月药市，十月酒市，十一月梅市，十二月桃符市，这是各种专业性商品的集中销售期。例如三月的蚕市，主要出售蚕具、农具、药材、花木等。成都的蚕市至少有三处，一处在城北学射山上的至真观；一处在城西的乾元观；一处在城西严道观。到了五代时期，举行蚕市的时间由每年的三月初三改为正月至三月。

唐代成都城中120坊，每坊都有"庙子"，小到土地庙，大到大圣慈寺这样的大寺。

大圣慈寺，被称为"震旦第一丛林""成都第一大佛寺"。这座寺庙始建于隋朝。它与佛教史上一个著名的和尚——玄奘有着密不可分的关系。唐高祖武德元年（618），玄奘从长安到成都，随宝暹、道基、志振等法师学习佛教经论。武德五年（622）春，玄奘正式在成都大圣慈寺律院受戒。在成都的四五年间，玄奘常在大圣慈寺、空慧寺等佛院学经、讲经，为蜀人所景仰。后来，玄奘离开成都到长安，辗转赴西天取经。

大圣慈寺在公元7世纪中叶唐天宝、至德年间迅速扩建，因为唐玄宗幸蜀，为这座寺庙赐匾"敕建大圣慈寺"，后来唐肃宗为其亲书"大圣慈寺"。经唐代扩建后，大圣慈寺规模宏大壮观，占地有数百顷之多，是成都东城之小半。寺内有96个庭院，楼、阁、殿、塔、厅、堂、房、廊8524间。大圣慈寺的唐代壁画更是一绝，壁上有各种如来佛像1215幅，天王、明王、大神将像262幅，佛经变相114幅。所有这些画像"皆一时绝艺"，因此，后世称大圣慈寺是一座极其珍贵的唐代艺术宝库。苏轼就称誉这里的壁画"精妙冠世"。宋代的李之纯《大圣慈寺画记》则称赞:"举天下之言唐画者,莫如大圣慈寺之盛。"大圣慈寺附近商业繁荣,寺前形成季节性市场,如灯市、花市、蚕市、药市、麻市、七宝市等。

到前蜀时期,大圣慈寺还发生了"桐叶题诗"的典故。前蜀尚书侯继图一日在大圣慈寺游玩,捡到一片梧桐叶子,上面写了一首诗:

拭翠敛双蛾,为郁心中事。
搦管下庭除,书成相思字。
此字不书石,此字不书纸。
书向秋叶上,愿逐秋风起。
天下有心人,尽解相思死。
天下负心人,不识相思意。
有心与负心,不知落何地。

这诗里写的是小女儿心事,对婚姻和爱情的疑惑,立意并不出奇,只是字体秀丽,颇堪玩味。侯继图非常欣赏,就把这片叶子珍藏起来。后来他娶了成都的一位大家闺秀任氏。任氏是位才女,精通诗文,但与侯继图关系不协,时常为自己的婚姻闷闷不乐。后来，任氏无意间发现这片叶子，问："此是妾书叶时诗，争（怎）得在公处？"侯继图答："在大圣慈寺阁上倚栏得之。"由此，任氏认为二人的姻缘乃是天定。之后，夫妻恩爱有加，侯继图也官运亨通。桐叶题诗总是偶然因素居多，但促成了美满姻缘，有一个幸福的结局，浪漫得令人向往。这个典故与洛阳上阳宫桐叶题诗的无名宫女和顾况的情形相似。只是上阳宫的桐叶题诗总让人不由自主想到众多无奈中华年蹉跎的宫女，倍觉凄凉，相比之下成都大圣慈寺的桐叶题诗仅是个案。

青羊宫是成都著名的道教宫观，据说始建于周朝，原名青羊肆。汉代扬雄《蜀王本纪》有记载："老子为关令尹喜著《道德经》，临别曰：'子行道千日后，于成都青羊肆寻吾。'"因此，青羊肆成为道家重要的祖庭，是神仙聚会、老君传道的圣地。天宝十五载（756），安史之乱爆发，唐玄宗避难幸蜀，曾在青羊观居住，称"行宫"。杜甫《中丞严公雨中垂寄见忆绝奉答二绝》有："雨映行宫辱赠诗，元戎肯赴野人期。江边老病虽无力，强拟晴天理钓丝。何日雨晴云出溪，白沙青石先无泥。只须伐竹开荒径，倚杖穿花听马嘶。"到中和元年（881），黄巢起义军势力大盛，唐僖宗奔蜀，也曾在青羊观中驻跸。当时，观内忽见一球状红光，入地即没，在红光入地处挖掘，得到玉砖，上面刻着古篆文"太上平中和灾"。这当然被视为天降吉祥。后来唐僖宗平安返回长安，特赐"青羊观"改为"青羊宫"，并赐内外库钱二百万，大建殿堂。青羊宫的宏大格局，就是在那时形成的。唐乐朋龟《西川青羊宫碑铭》记载了青羊宫的宏伟："冈阜崔嵬，楼台显敞，齐东溟圆峤之殿；抗西极化人之宫，牵剑阁之灵威，尽归行在；簇峨眉之秀气，半入都城。烟粘碧坛，风行清磬。"由此，青羊宫成为唐代末年四川最大、最有影响的道教宫观。

文殊院，始建于隋大业年间（605—616），据说是蜀王杨秀的宠妃——当时的"圣尼"信相所建，始称信相寺。信相寺一度毁于会昌五年（845）的唐武宗灭佛运动，到唐宣宗即位（847）才修复。五代时一度改名妙圆塔院，后称文殊院。

成都地区自然条件优越，河流湖泊纵横，古树名木遍布，四时有不凋之花，八方有水园之盛。同时，成都自古以来号称公私富实，是上下佚乐的地方，其游赏之俗，甲于西蜀。因此，造就了唐代成都的园林盛景。隋唐五代的成都是景色极美的城市。在李白的笔下，"九天开出一成都，万户千门入画图"，成都风景如画；杜甫说，这里"曾城填华屋，季冬树木苍"，建筑奢华高大，林木郁郁苍苍。后蜀皇帝孟昶因为自己偏爱木芙蓉，命令百姓在城墙上遍植木芙蓉，到芙蓉花开时节，成都"四十里为锦绣"，整座城市花团锦簇，故成都又被称为芙蓉城，简称蓉城。成都著名的园林有摩诃池、合江亭等。

摩诃池是隋代蜀王杨秀开凿的。杨秀建筑子城时，命人从大城中部偏西的地方取土，取土之处就开凿为一个范围广大的池沼，名"摩诃池"。摩诃池实际上就是当时蜀王的宫苑，它以湖为中心布设亭台轩榭，别有情趣。到唐代中叶，摩诃池已经成为成都的游览胜地。杜甫《晚秋陪严郑公摩诃池泛舟（得溪字。池在张仪子城内）》："湍驶风醒酒，船回雾起堤。高城秋自落，杂树晚相迷。坐触鸳鸯起，巢倾翡翠低。莫须惊白鹭，为伴宿清溪。"这正是摩诃池风光明媚、生机盎然、水树相间、鸳鸥翔集的真实写照。五代时，摩诃池改称"龙跃池"，水域更加广阔，环池建有宫殿亭阁数十座，有重光、太清、延昌、会真等大殿，有清和、迎仙等宫，还有降真、蓬莱、丹霞、怡神等亭及飞鸾阁等各种大中小型建筑。花蕊夫人的《宫词》中，描绘了龙跃池的壮丽、奢靡及自然盛景，如"龙池九曲远相通，杨柳丝牵两岸风""画船来去碧波中""满堤红艳立春风""三面宫城尽夹墙，苑中池水白茫茫""内家追逐采莲时，惊起沙鸥两岸飞"等。

唐代在成都东南开辟新南市，在郫江、锦江汇合处建合江亭，与锦江北岸的张仪楼、散花楼构成一条自西向东的游览风景线。后来又在合江亭旁增筑楼阁台榭，多植美竹异卉，称为"合江园"。合江园附近还有其他园林，如赵园。因此，成都东南合江亭附近成为一个著名的游乐之地。

第二节　九天开出一成都

　　重要的地缘政治及军事地位是成都城市发展的推动力。从地缘政治的角度来看，成都的政治地位一直较高，从秦设蜀郡开始，历代王朝都选择成都作为四川最高行政机构所在地，甚至是割据政权及农民起义军建立的政权的首都。成都的军事地位也很高，对东南而言，"蜀之形势，天下之险莫先焉"，控制长江上游就可以用高屋建瓴之势威胁长江中下游的政治势力。所以，秦灭荆楚、刘邦定鼎，都是以蜀地为战略后方；而宋元之际，蒙古在蜀经营 52 年，也是希望从长江上游居高临下打击下游的南宋政权。

　　同时，从整个西南地区的形势来说，蜀地无论是从政治、经济还是从文化方面，都居西南之首，所以，统一西南往往从蜀地开始。因此，成都的宫苑官署建设受到统治者的重视。

　　隋代蜀王杨秀出镇成都，在大城中部偏北的地方修建了蜀王宫，这个位置与西京长安和东都洛阳皇宫的位置基本相同，都是在城市偏北的地方，这也说明了隋唐时期城市规划的一个重要特点，即：官署布设在城市北部，以突出官署对城市建筑的统领作用。但是，与扬州隋代的江都宫相比，成都的蜀王宫要逊色一些。

隋文帝开皇二年（582），杨秀在西南部扩建成都子城，筑城墙需要的土是从蜀王宫东侧挖掘的，这里形成一个人工湖——摩诃池。摩诃池最初面积500亩，随着唐代将郫江水和解玉溪水引入摩诃池，摩诃池的水量变得十分充足，经过后蜀扩建，水域面积在1000亩左右，约有100个标准足球场那么大。

到唐代，西川节度使赴任成都后，以成都尹衔管理成都，为成都及西川最高行政、军事长官，威权极重。当武元衡出镇成都时，唐宪宗亲临长安皇城安福门慰劳。杜元颖赴任成都时，唐穆宗也亲临安福门饯行。李固言以门下侍郎平章事出任西川节度使时，唐文宗下诏在长安临皋馆演奏云韶雅乐为其送行。因此，唐代成都的节度使署也修建得极其庄严宏丽，护卫森严。唐代节度使署就在原来的隋蜀王宫原址，在摩诃池之西，官署区四周筑有牙城，以资护卫。

至中唐时,成都已与扬州"号为繁侈,故称扬益"。但实际上,由于成都地处唐与吐蕃、唐与南诏斗争的前沿,其军事、政治地位要比扬州重要得多。

唐代宗广德二年(764)六月,杜甫开始随西川节度使严武在节度使官署做幕僚,他写过一首《宿府》:"清秋幕府井梧寒,独宿江城蜡炬残。永夜角声悲自语,中天月色好谁看?风尘荏苒音书绝,关塞萧条行路难。已忍伶俜十年事,强移栖息一枝安。"寂静的夜晚,独自在幕府值班,听着长夜不断的角声,望着中天月色,是何等的悲凉啊!因此,第二年六月,杜甫便辞官回到草堂。

大和三年(829)十一月,南诏进攻西川;十二月,攻克成都,时任西川节度使的杜元颖率众退保牙城。

节度使官署还发生过一些令人哭笑不得的事情。晚唐王建想占领成都称王,常常诱惑将士:"成都城中繁盛如花锦,我们得到成都,金帛美女随便你们取用,而且还可以轮换做节度使。"有一个直性子的小校韩武,竟然把王建这话当真了,在节度使官署横冲直撞,多次在节度使官署正厅上马,有人阻止他,韩武发怒说:"司徒(王建)许诺我们轮换为节度使,在官署正厅上马还不是小事一桩!"王建无可奈何,只好暗地里派人将韩武刺死。

王建建立前蜀政权,在原来的节度使官署以北筑有夹城,即宫城。王建死后,其子王衍继位,在摩诃池旁边广建宫室,名宣华苑,据说"延袤十里",穷极奢丽,形成华丽的皇家宫苑。

根据花蕊夫人《宫词》可以得出,前后蜀的宫苑是以"龙池"为中心建造的。龙池就是摩诃池,"龙池九曲远相通,杨柳丝牵两岸风""东内斜将紫禁通,龙池凤苑夹城中""旋移红树斫新苔,宣使龙池更凿开"等诗句,描述了龙池的水光风景,也说明龙池在宫苑中的主要地位。龙池的堤岸绿柳成荫,花团锦簇,"每日日高祗候处,满堤红艳立春风","早春杨柳引长条,倚岸沿堤一面高"。宫苑有狮子门,"直从狮子门前入,旋见亭台绕岸傍",进入狮子门,才能进入宫苑区。苑中有重光殿,"殿名新立号重光,岛上亭台尽改张";有黄金阁,"但是一人行幸处,黄金阁子锁牙床";有画楼,"先向画楼排御幄,管弦声动立浮油";有翔鸾阁,"翔鸾阁外夕阳天,树影花光远接连";有南薰殿,"美人捧入南薰殿,玉腕斜封彩缕长";有新建筑的凉殿,"七宝阑干白玉除,新开凉殿幸金舆";有长春殿,"楼西别起长春殿,香碧红泥透蜀椒";有双凤楼,"翠华香重玉炉添,双凤楼头晓日遥";有凝烟阁,"锦城上起凝烟阁,拥殿遮楼一向高";还有西球场,"西球场里打球回,御宴先于苑内开";龙池中有水殿,"内庭秋燕玉池东,香散荷花水殿风"。可见,前后蜀的宫苑富丽堂皇,楼阁众多,正如花蕊夫人所形容的,"安排诸院接行廊,外槛周回十里强","离宫别院绕宫城,金版轻敲合凤笙"。

2014年,考古队在成都体育中心发掘点发现了隋代摩诃池遗址。在摩诃池东南岸处,考古人员发掘出了一批始建于唐初的建筑遗存,主要包括庭院、排水沟和拼花小径、水井等,"这些建筑的修建年代最早在隋末唐初,唐代中期又陆续修建有一些排水沟等建筑物,建筑主体平面呈正方形。有的建筑在唐代中期便废弃了,有的则一直沿用至唐五代、宋初时期"。这一古建筑外是一条青砖铺成的小路,顺着小路跨入门道,走进院落,有两条鹅卵石铺就的小径，修建年代分别为唐代和宋代。其中，唐代的小径长 55 米，宽 1.2 米；宋代的石径长 46 米，宽 1.3 米，路上有用颜色不同、大小不一的鹅卵石铺成的一朵朵团花图案，较之唐代石径更显精美。穿过小径，便是庭院中央处的天井。天井整体呈正方形，南北走向长 18 米，东西长 17 米，占地 300 多平方米。院落由踏道、露天活动面、排水沟、小十字路、井台等部分组成，均为砖筑且用砖考究，大量砖上可以见到模印的卷草、花卉、菱形纹等图案。在这个院落，出土有唐五代时期的生活日用器物和建筑材料，大致有唐代早中期的瓷器、陶器、莲花纹瓦当和唐代晚期的陶器、瓷器。这一唐代建筑群规模大、建筑工艺精良、出土文物精美且紧靠摩诃池，有可能在唐代属于等级较高的府院或府衙，进入五代时期以后，可能属于前蜀王衍时期在摩诃池一带修建的大规模皇室园林——宣华苑的一部分。

第三节　成都楼高高百尺

唐代成都最有特色的建筑是"楼"。成都著名的楼宇数不胜数，在这片河流环绕、地势低洼平坦的成都平原上，高楼几乎成为成都的标志。为什么楼会成为成都城市建筑的重要标志呢？这可能是因为成都地处平原，周围没有遮挡，人们希望登高远眺，站在高处一睹城市和平原的水色风光；同时，成都自古为天府，城市繁华，人皆佚乐，建高楼也有雄厚的经济实力支撑。因此，成都城垣雄伟，楼宇壮丽。

隋唐五代，成都主要的楼有散花楼、张仪楼、筹边楼、吟诗楼、得贤楼、西楼等。

散花楼，建于隋代初年。隋文帝封第四子杨秀为蜀王，杨秀在成都"扩广子城"，大事建筑，在著名皇家园林摩诃池畔建散花楼，以供皇族游宴取乐。据考证，杨秀所建散花楼的位置应该在现在的天府广场展览馆附近。散花楼名称比较浪漫、华丽，也引人遐思，可能出自"天女散花"一词。散花楼四周的景色美不胜收，春秋时节，楼外花满枝头，楼下临郫江，在楼上可远观郫江、锦江交汇之处。每逢晴日，楼头朝迎霞光，暮挂残红，夜望皓月当空、繁星满天；烟雨蒙蒙之时，于苍茫之中四望更别有情趣。因此，散花楼成为官宦士人们日常观景赋诗的重要场所。到晚唐时期，高骈筑罗城，曾在万里桥西重建散花楼，这说明摩诃池畔的原散花楼已经毁掉了。

唐代诗人张祜写有《散花楼》一诗："锦江城外锦城头，回望秦川上轸忧。正值血魂来梦里，杜鹃声在散花楼。"据考证，李白和张祜登临的散花楼应该是摩诃池畔杨秀所建的散花楼。

宋末蒙古军队进攻成都，万里桥西的散花楼也毁于战火。明代初年，成都东门迎晖门的城楼又被命名为散花楼，但是已经没有唐代的名楼气魄。明《蜀中广记》记载："东城楼即散花楼也。……《舆地纪胜》：散花楼隋开皇建，乃天女散花之处。"

张仪楼，始建于战国晚期秦灭蜀后，它最初的意义应该是指挥塔，据说当时秦国的丞相张仪在修建成都城的时候"屡建屡颓",便先修建了用来定筑城南北方位的定位标志建筑,站在上面指挥整座城市的兴建。张仪楼重檐飞宇,巍峨壮丽,是历代达官士人、文人墨客的游览胜地。站在张仪楼上极目远眺,向西可观岷江蜿蜒曲折,千里之水奔腾归于脚下;向南可瞰锦江、郫江双流交汇,东流而去;向北可眺远岫林端绝域春色,葱葱郁郁;向东可临少城街巷,百姓生活,百族肆居。张仪楼的选址非常合适,虽然南临郫江,但从建成到唐宋千余年间,常常泛滥的郫江水却从未威胁到张仪楼,所以,张仪楼一直延续到宋代末年,是成都人夸耀的著名古迹。杜甫《石犀行》诗中就有"蜀人矜夸一千载,泛溢不近张仪楼"的说法。

唐穆宗时期的西川节度使段文昌夏天在张仪楼观看西岭雪山,身临其境般地感受到了雪山的寒意:"重楼窗户开,四望敛烟埃。远岫林端出,清波城下回。乍疑蝉韵促,稍觉雪风来。"杨汝士《和段相公夏登张仪楼》也写到了雪山的情形:"远山标宿雪,末席本寒灰。"

由于张仪楼屹立千年,很容易成为诗人抒发怀古幽思的对象。李雄《张仪楼》："锦官城畔拂云楼，草没楼基锦水流。花外有桥通万里，槛前无主已千秋。铜梁雾雨迎归思，玉垒烟霞送暮愁。人去人来自惆怅，夕阳依旧浴沙鸥。"锦官城畔高入云端的张仪楼已经荒废，蒿草没去楼基，锦江水空流。野花之外有古桥通往万里之外，楼槛之前感叹建筑者已作古千秋。千年中人来人去我独自惆怅，夕阳下沙鸥翔集依旧悠游。唐代著名诗人岑参也曾经参观过成都的张仪楼，并写下《张仪楼》一诗加以纪念："传是秦时楼，巍巍至今在。楼面两江水，千古长不改。曾闻昔时人，岁月不相待。"同是怀古诗，岑参的诗言简意赅，与李雄诗相比，理性多于感性。

唐代末年，高骈筑罗城时重建张仪楼，据说重建的楼阁有百尺之高，又名百尺楼。

唐代，成都附近还有一座著名的楼式建筑，叫筹边楼。筹边楼，一说位于四川省理县杂谷脑河岸的薛城镇，一说位于成都西郊。唐文宗大和元年（827），由于当时唐蕃边境战事频繁，为了加强战备、筹措边事、激励士气，时任西川节度使的李德裕修建了筹边楼。据《通鉴》记载："德裕至镇，作筹边楼，图蜀地形，南入南诏，西达吐蕃。日召老于军旅、习边事者，虽走卒蛮夷无所间，访以山川、城邑、道路险易，广狭远近。未逾月，皆若身尝涉历。"这座楼不是散花楼那样的城市观光楼，也不是张仪楼那种指挥建筑工地的指挥塔，而是用于边防的眺望塔；同时，李德裕还楼尽其用，将此楼作为交际场所，经常在这里与少数民族首领联络感情。因此，筹边楼建成之后，数年内唐朝与吐蕃在川西相安无事，可以说，筹边楼为川西的和谐安宁做出了很大贡献。大和六年十一月，李德裕调任离蜀，此后边疆纠纷又起。

女校书薛涛曾登临此楼，留下一首流传千古的名诗："平临云鸟八窗秋，壮压西川四十州。诸将莫贪羌族马，最高层处见边头。"这首《筹边楼》气势磅礴，更像是一位边塞诗人的作品。诗的开头两句就描写了筹边楼非凡的气势，"平临云鸟"可见其建筑之高峻，"壮压西川"可见筹边楼之重要。筹边楼高耸入云，窗外一片清秋，气势雄伟豪壮，威震西川数州。后面两句笔锋一转，说道：各位将领不要贪图羌族的骏马，从筹边楼的最高层我们可以看到边塞的尽头。警告那些手握军权的将领不要贪图羌族的马匹经济利益，而出卖家国朝廷利益。

与薛涛相关的，在成都还有一座吟诗楼，点缀着锦江玉垒的秀丽风光。薛涛晚年，在碧鸡坊枇杷门巷筑起一座吟诗楼，"万里桥边女校书，枇杷花下闭门居。扫眉才子知多少，管领春风总不如"。薛涛在吟诗楼度过了最后的时光，大和六年（832）去世。第二年，西川节度使段文昌为她亲笔题写墓志铭，墓碑上写着"西川女校书薛涛洪度之墓"。成都现有吟诗楼，在望江楼景区，这是近代伍嵩生主持修建的。

五代时期，成都建成一座"得贤楼"，是成都子城西南城门楼，由前蜀皇帝王建所建。城楼"雉堞巍峨，饰以金碧，穷极瑰丽，辉焕通衢"。城门内外是当时成都最繁华的商贸游览地。陆游诗句"鼓吹连天沸五门，灯山万炬动黄昏"，生动地描述了其繁华场景。

西楼，是前后蜀至宋代成都著名园林西园中的楼阁。西园本为前蜀权臣私家宅第，到宋代成为成都规模最大、景物最佳的园林。园中的西楼，建筑壮丽，被誉为

249

"实一方之伟观,四时之绝赏也"。西楼四周,花木清幽繁茂,台榭交辉,是前后蜀及宋代官吏和士人集会行乐的胜地。宋代吴师孟《重修西楼记》赞叹:"成都总府,政体雄重,为天下藩镇之冠。兹楼之名,实闻四方。基构疎壮,复为成都台榭之冠。余平生所历郡国多矣,求之他处无有也。"

第五章

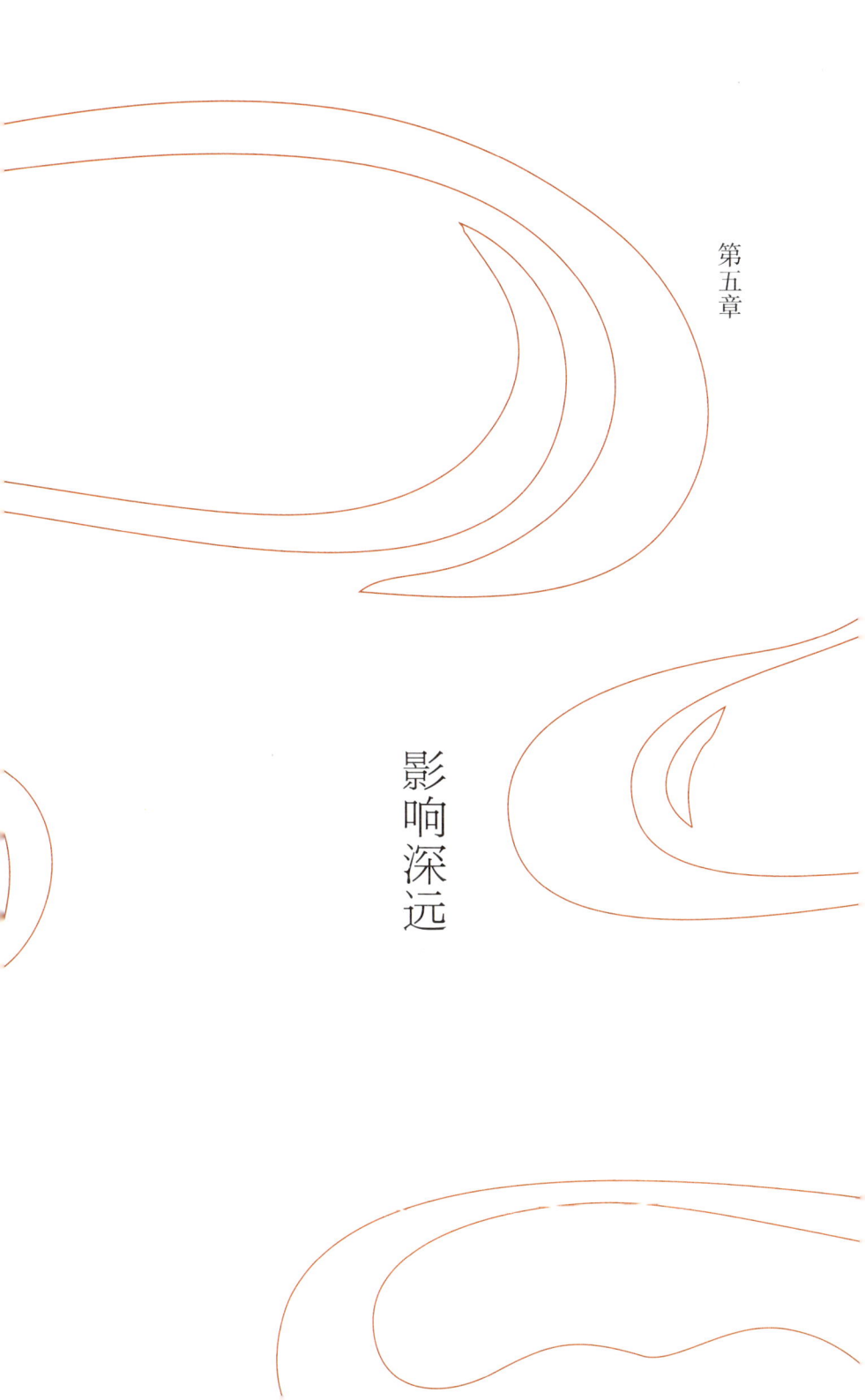

影响深远

唐代是一个大开放的时代，唐代中国与世界上70多个国家建立了外交与通商往来关系。唐代中国的文化与制度对其他国家和地区的影响很大，尤其对东亚汉文化圈的形成和发展有很大的推动作用。东亚及东南亚部分地区，地域相近，同时受唐代中国的政治、文化等方面的影响较深，在相互学习、发展、改造、消化的过程中，形成了同质性较高的文化圈层。其中，唐代中国对日本、新罗等国影响最为深远。例如，新罗仿效唐朝的政治制度改建了自己的行政组织，甚至采用科举制来选拔官吏，以儒家经典为考试内容。同样，朝鲜半岛的文化对唐朝也产生了一定的影响。

当然，唐王朝的中原城市规划、形态、布局等也对周边各地区和各国的城市有很大影响。唐王朝许多边城与周

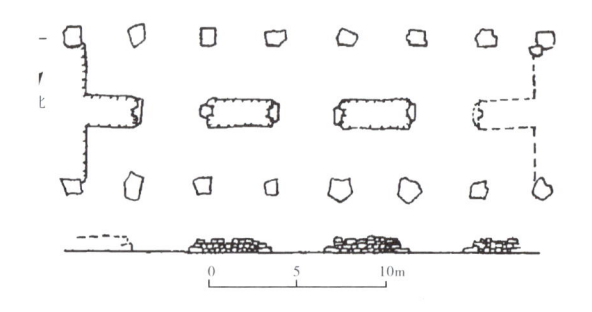

上京皇城正门遗址手绘图

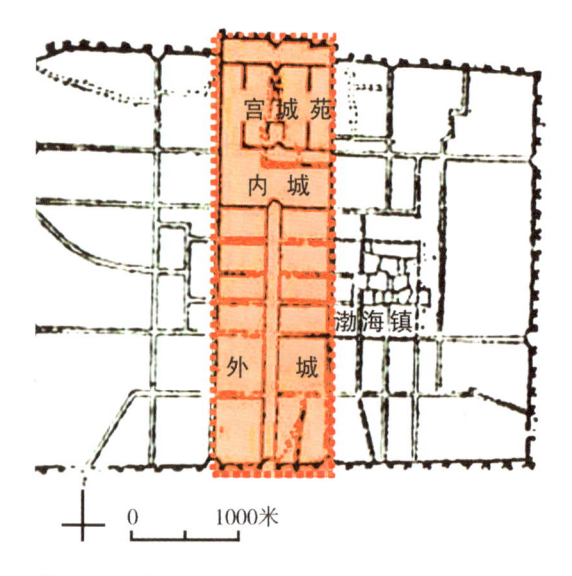

渤海上京龙泉府图

边地区和国家的城市规划建设都受到了西京长安和东都洛阳的影响。

渤海上京龙泉府城就是明显地仿效西京长安建设的。上京龙泉府位于今黑龙江省宁安市境内的河谷盆地，是渤海建都时间最长、规模最大、布局最为完备的都城。上京城的形制和布局明显仿照唐长安城，它的外部轮廓也是横长方形，坐北朝南，全城分为宫城、皇城、外郭城三部分。宫城、皇城集中于外郭城北部中央。在宫城之内，南北分布着五座宫殿基址，呈现明显的前朝后寝之制。皇城在宫城之南，是官衙所在。外郭城周长共计16296米，设有10个城门，城内里坊由数条垂直相交的街道划分开。皇城前的南北大街俗称"朱雀大街"，是上京城最宽的大街，也是城市的中轴线。

公元8世纪前后，日本学习唐朝律令制度，都城布局也开始模仿唐王朝的城市。日本藤原京、平城京、平安京三座城市的地理环境和隋唐长安、洛阳的地理环境基本一致，都是选择在有山有水的自然盆地，只是公元694年建成的藤原京、公元794年建成的平安京仿效东都洛阳建造，唯独公元710年建成的平城京是仿效西京长安修建的。

藤原京是日本最古老的都城，它仿效隋唐洛阳城建造，这个观点已经得到日本专家和中国专家的认可。据《续日本纪》记载，藤原京的宫城称藤原宫，宫内正殿为大极殿。

平城京的兴建是日本元明天皇在公元708年做出决定并付诸行动的。元明天皇在诏书中说："方今平城之地，四禽叶图，三山作镇，龟筮并从，宜建都邑。"经过两年修建，规模初具。710年，都城由平城京以南的飞鸟地区的藤原宫迁到平城京，日本都城在此共计84年，直到794年，才由平城京北迁到平安京。所以，平城京也具有承前启后的作用，既有上承藤原京的成分，也有下启平安京的因素。

　　早在21世纪初日本建筑学者关野贞就将日本都城的形制与中国隋唐都城的形制进行了对比，"纵观两京制度，西京（长安）与东京（洛阳）相比，规划相当整齐，颇有近似于我平城京制度之处。我平城京基本上是参考了当时首都西京的制度来建造的。"平城京位于奈良盆地的北部，这里地势平坦。平城京全城东西约5.9千米，南北约4.8千米，是东西长于南北的形状。皇宫称"平城宫"，位置在都城主体部分的北部正中央。皇宫南门称"朱雀门"，与长安皇城南门名称一样，"朱雀大路"长3.8千米，宽72米，是城市的南北中轴线。路西称"右京"，路东称"左京"；与朱雀大路平行的由北向南有八条大路，在左京的大路分别叫作左一、左二、左三、左四坊，在右京的叫作右一、右二、右三、右四坊。与朱雀大路交叉的有九条大路，分别以一至九的数字称呼，如一条大路、二条大路等。

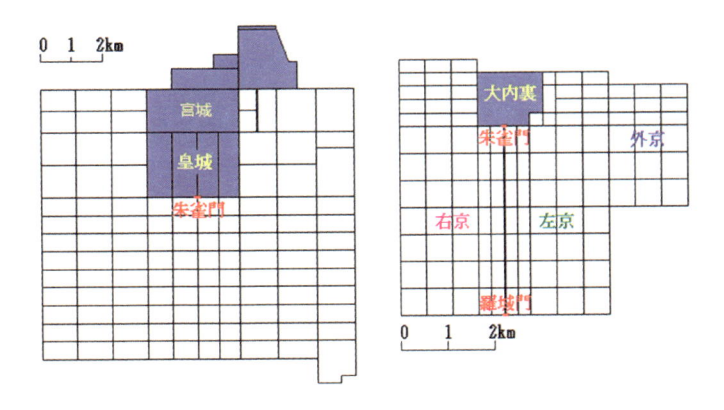

长安城与平城京比较示意图（左为长安城，右为平城京，二者比例尺不同）

南北向大路和东西向大路划出一个个方格，一个方格大约为540平方米。平城京东部的北边凸出一个外城，称"外京"。平城京与西京长安一样，布设东西两市。同时，平城京（奈良）的城市细节更多是仿效西京长安的，例如，长安东南角有曲江池，平城京的东南角也开凿了越田池；平城京在宫城北部的京城外侧有一个很大的"松林苑"，显然是直接照搬隋唐长安城"西内苑"的位置；长安城的"国子监"在皇城安上门外的务本坊之内，平城京"大学寮"也在宫城南面西门处。在城市规划方面，西京长安城有效利用了"帝城东西，横亘六岗（六爻）"的地形，平城京也在地理位置的选择上做了一定考虑，利用了"四禽叶图，三山作镇"的地理形势。当然，平城京与长安在城市建设方面也有不一样的地方。例如，平城京没有外郭城

257

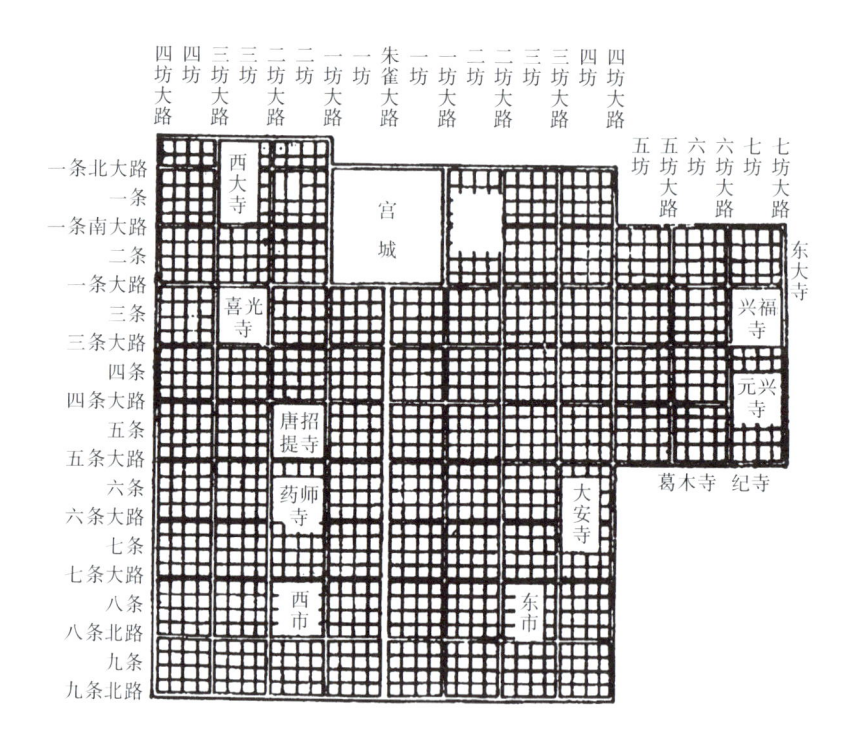

日本平城京图

墙，一些里坊也没有坊墙，东西两市不是同时开放，通常是前半月开放东市，后半月开放西市。

位于今京都府的平安京于公元 794 年建成。平安京的自然环境和唐代洛阳城更接近，都有群山环抱，河流穿城而过。平安京的街道、里坊的建筑也都是仿照唐代洛阳城建造的，甚至街道、区域的命名都采用了和洛阳相关的名字，如洛阳、洛南、洛京、洛中、洛北、上洛等，到现在仍在使用。

新罗都城也是仿照长安、洛阳建成的，也分宫城、皇城和外郭城。

总之，唐代是我国城市发展史的一个重要转折时期，其城市规划、城市建设、城市经济、城市文化各方面都达到了一个顶峰。一座座繁华的城市，不仅似繁花般盛开在中华大地，也对周边政权和国家产生了重要的影响。

后记

唐代是我国历史上一个辉煌灿烂的鼎盛时期，当时，国家政治、经济、文化全面发展，对外交往日益频繁，民族融合不断加快，国家版图进一步扩大，显示出强大的国力和影响力。唐代社会的繁荣是全面性的，并不拘于一时一地，尤其是在城市建设方面，各级各类城市迅速发展，城市人口大量增加，城市规模和城市规划也都达到了一个顶峰。一座座城市如似锦繁花盛开在中华大地上。

因此，《盛世繁华》这本书，着重展现大唐的繁华城市，摘取四朵怒放的鲜花——黄河流域在政治上最尊贵的西京长安与东都洛阳以及长江流域在经济上最繁荣的扬一益二——呈现在读者面前，尽力向读者展示四大名城严整的城市形态、宏伟的政治建筑以及精致的城市细节，并力求写出每座城市的独特风貌。尤其是在城市细节的写作中，选取不同的视角，突出每座城市的特点，如西京长安的城市细节是以唐代著名传奇《李娃传》的空间情节发展为基础，讲解唐代城市的里坊管理制度；东都洛阳则选取"东城桃李"的美好风光，以白居易住宅为突破口，描述唐代的文人园林；扬州的城市细节是水道之上风景各异的二十四桥；成都则是以多座名楼为城市的建筑特色。

《开放的大唐》这套丛书的定位是"对唐代社会的一次全面性知识普及，对唐代社会的方方面面进行一次整理与挖掘"，要通过书中的描写为读者重塑盛世大唐形象，将文化传承、文化兼容、文化创新与时代潮流融合，展示盛唐文化。所以，本书作者在融会贯通自己多年对唐代城市的研究心得及学界最新科研成果的基础上，尽可能呈现出一种"轻阅读"风格，用通俗易懂的语言表达方式，通过生动形象的故事性叙述，全方面普及唐代的城市建设知识，全方位展示唐代城市的繁华形象。

《盛世繁华》的编写工作由潘明娟（西安电子科技大学教授，历史学博士）完成，由于本书写作时间仓促，篇幅有限而头绪繁多，所以难以面面俱到，祈请各位读者批评指正！

在这本小书付梓之际，感谢西安曲江出版传媒股份有限公司的大力支持，感谢丛书主编杜文玉教授的指导建议，感谢各位编辑的不懈努力！

潘明娟
2016年11月1日